LA VÉRITABLE HISTOIRE

*Collection
dirigée
par
Jean Malye*

DANS LA MÊME COLLECTION

Caligula
Textes réunis et présentés par Jean Malye

Périclès
Textes réunis et présentés par Jean Malye

Alexandre le Grand
Textes réunis et présentés par Jean Malye

Marc Aurèle
Textes réunis et présentés par Paméla Ramos

Alcibiade
Textes réunis et présentés par Claude Dupont

Constantin
Textes réunis et présentés par Pierre Maraval

Les héros spartiates
Textes réunis et présentés par Jean Malye

Le premier empereur de Chine
Textes réunis et présentés par Damien Chaussende

Pompée
Textes réunis et présentés par Claude Dupont

Tibère
Textes réunis et présentés par Christopher Bouix

Hannibal
Textes réunis et présentés par Jean Malye

Julien
Textes réunis et présentés par Paméla Ramos

Les Gracques
Textes réunis et présentés par Christopher Bouix

Thémistocle
Textes réunis et présentés par Jean Haillet

À PARAÎTRE

Cicéron
Pyrrhus
Jules César
Mithridate
Auguste

LA VÉRITABLE
HISTOIRE
DE NÉRON

Textes réunis et commentés
par
Alain Rodier

LES BELLES LETTRES
2013

Pour consulter notre catalogue
et découvrir nos nouveautés
www.lesbelleslettres.com

Dans le corps du texte, les textes en italiques sont de Alain Rodier et ceux en romains sont d'auteurs anciens, excepté pour les annexes.

Les dates s'entendent après J.-C.

© *2013, Société d'édition Les Belles Lettres*
95, boulevard Raspail 75006 Paris.
www.lesbelleslettres.com

ISBN : 978-2-251-04015-8

À la mémoire de Jean-Pierre Rodier, mon père, grand admirateur d'Athènes et de Rome, qui m'initia dès l'enfance aux grands mythes antiques et qui accorda à mon éducation la place nécessaire qui revenait aux humanités grecques et latines.

A. R.

De son horoscope nombre de gens tirèrent aussitôt une foule de prédictions effrayantes, et l'on vit même un présage dans les paroles de son père Domitius répondant aux félicitations de ses amis « qu'il n'avait pu naître d'Agrippine et de lui rien que de détestable et de funeste à l'État ».

Suétone, *Vies des douze Césars, Néron*, 6, 2

UNE LOURDE HÉRÉDITÉ

Sa taille approchait de la moyenne. Son corps était couvert de taches et malodorant. Sa chevelure tirait sur le blond. Son visage avait de la beauté plutôt que de la grâce. Ses yeux étaient bleuâtres et faibles, son cou épais, son ventre proéminent, ses jambes très grêles, sa santé robuste : en effet, malgré ses débauches effrénées, en quatorze ans, il ne fut malade que trois fois, encore sans être obligé de s'abstenir de vin ni de renoncer à ses autres habitudes. Dans sa mise et dans sa tenue il manquait tellement de dignité qu'il arrangeait toujours sa chevelure en étages, la laissant même retomber sur sa nuque durant son voyage en Achaïe, et que bien souvent il paraissait en public vêtu d'une robe de chambre, avec un mouchoir noué autour du cou, sans ceinture et nu-pieds.

Suétone, *Vie des douze Césars, Néron,* 51

C'est l'unique portrait physique de Néron adulte dont nous disposons. Il est tracé par Suétone avec un réalisme peu flatteur. En revanche, l'historien ne nous dira à peu près rien des ressorts profonds du personnage. En ces temps-là, seuls comptent les faits et les actes. Le poids supposé de l'hérédité tient lieu d'analyse psychologique. Dans l'Antiquité, en effet, les descendants ne sont pas exonérés du caractère de leurs ancêtres. C'est ainsi que Suétone ouvre sa Vie de Néron *par un trait au vitriol.*

Je crois qu'il importe de faire connaître plusieurs membres de cette famille, afin de pouvoir mieux montrer que, si Néron hérita des vertus de ses ancêtres, inversement les vices de chacun d'eux se retrouvèrent en lui, comme s'ils lui avaient été transmis avec le sang.

Suétone, *Néron,* 1, 6

Les ancêtres de Néron appartiennent à la famille Domitia dont la branche des Ahenobarbi est la plus illustre, au point de s'être fabriquée une légende.

Les Ahenobarbi font remonter leur origine ainsi que leur surnom à Lucius Domitius : d'après la tradition, un jour qu'il revenait du combat, il rencontra deux jeunes gens, frères jumeaux[1], d'une très majestueuse beauté, qui lui ordonnèrent d'annoncer au Sénat et au peuple une victoire dont on n'était pas encore sûr, et, pour lui prouver leur divinité, lui caressèrent si bien les joues qu'ils donnèrent à sa barbe noire une couleur rousse, analogue à celle de l'airain. Ce signe particulier se transmit à ses descendants, dont un grand nombre eurent la barbe rousse. Quoiqu'ils eussent obtenu sept consulats, un triomphe, deux censures, et qu'on les eût élevés au rang de patriciens, ils gardèrent tous le même surnom.

Suétone, *Néron*, 1, 1-3

La lignée Domitia compte, en effet, quelques célébrités à la réputation parfois tapageuse. Le trisaïeul de Néron, Cnaeus Domitius Ahenobarbus, « Barbe d'airain », se distingue par des actions de grande ampleur sur les plans politique et militaire.

Étant tribun, son trisaïeul Cnaeus Domitius, profondément irrité contre les pontifes qui avaient coopté à la place de son père un autre candidat que lui, fit enlever aux divers collèges sacerdotaux et transférer au peuple le droit d'élire les prêtres.

Suétone, *Néron*, 2, 1

Ce même trisaïeul contribue à la conquête de la Gaule transalpine et se montre un habile pacificateur. En 118 av. J.-C., il fonde

---

1. Castor et Pollux.

Narbonne et crée la voie qui porte son nom, la voie Domitienne,
reliant l'Italie à l'Espagne à travers la Gaule narbonnaise. C'est
un militaire au caractère bien trempé.

Pendant son consulat, ayant battu les Allobroges et les
Arvernes, il parcourut sa province porté par un éléphant et
suivi, comme dans la solennité du triomphe, par la foule de
ses soldats. C'est à son sujet que l'orateur Licinius Crassus
prononça cette parole :

— Il ne faut pas s'étonner qu'il ait une barbe d'airain
puisqu'il a une bouche de fer et un cœur de plomb.

Suétone, *Néron*, 2, 1-2

Son fils, le préteur Lucius Domitius Ahenobarbus, s'oppose à
Jules César. Il le cite devant le Sénat pour qu'il réponde des accu-
sations d'illégalités commises pendant son consulat, espérant ainsi
obtenir sa destitution. Devenu consul à son tour en 54 av. J.-C.,
il prend le parti de Pompée quand éclate la guerre civile entre ce
dernier et César.

Une fois consul, il essaya d'enlever aux armées des Gaules
leur général en chef, et, désigné comme son successeur par
le parti adverse[2], il se fit prendre à Corfinium au début de la
guerre civile. De là, relâché par César, en venant à Marseille,
il rendit courage aux habitants épuisés par le siège, puis les
abandonna tout à coup et mourut sur le champ de bataille
de Pharsale[3].

Homme sans caractère et d'un naturel farouche, quand
sa situation fut désespérée, la crainte lui fit rechercher la
mort, mais il fut pris devant elle d'une si grande terreur que,
regrettant d'avoir bu du poison, il se fit vomir et affranchit

2. Le parti de Pompée, lorsque éclate la guerre civile en 49
av. J.-C.
3. Ville de Thessalie où Jules César l'emporte sur les armées de
Pompée en 48 av. J.-C.

son médecin qui, par précaution et à bon escient, avait atténué pour lui la violence du toxique.

Suétone, *Néron*, 2, 3-5

Il laisse à son tour un fils, Cnaeus Domitius, qui occupe les plus hautes charges avant de se rallier à Marc-Antoine puis à Octave, le futur Auguste, à la veille de la bataille d'Actium[4].

Les discordes civiles ayant recommencé, Antoine le prit comme lieutenant et, le commandement suprême lui ayant été offert par ceux qui rougissaient de Cléopâtre, il n'osa ni l'accepter ni le refuser hardiment, en raison d'une maladie subite, et passa du côté d'Auguste, puis mourut quelques jours après, entaché lui aussi de quelque infamie, car Antoine prétendit qu'il avait déserté son camp parce qu'il regrettait sa maîtresse Servilia Naïs.

Suétone, *Néron*, 3, 3-4

Son fils Lucius Domitius, le grand-père de Néron, entame sa carrière politique au début de l'Empire. Nommé consul en 16 av. J.-C., il sera l'exécuteur testamentaire d'Auguste. Dans sa jeunesse, il se fait remarquer par sa passion dévorante pour les courses de chars. Plus tard, il connaît la consécration du triomphe pour sa campagne militaire en Germanie. Il laisse néanmoins l'image d'un personnage excessif et peu enclin au respect d'autrui.

Hautain, prodigue et cruel, il obligea, étant édile[5], le censeur[6] L. Plancus à lui céder le pas. Devenu préteur,

4. Le 2 septembre 31 av. J.-C. Cette bataille marque la fin de la guerre civile qui suivit l'assassinat de Jules César. Elle oppose les forces d'Octave à celles de Marc-Antoine et Cléopâtre qui sont battus. Octave deviendra l'empereur Auguste.

5. Magistrature de la Ville.

6. Magistrature réservée aux patriciens qui donnait tout pouvoir sur les autres magistrats.

puis consul, il produisit sur la scène comme acteurs de mimes des chevaliers romains et des matrones. Il donna des chasses non seulement dans le cirque, mais dans toutes les régions de Rome, et même un combat de gladiateurs, mais d'une telle férocité qu'Auguste, après lui avoir fait en secret d'inutiles remontrances, fut obligé d'y mettre ordre par un édit.

Suétone, *Néron*, 4, 2-3

Cet amateur de jeux brutaux et de spectacles jugés de mauvais goût épouse Antonia l'aînée, fille de Marc-Antoine et d'Octavie.

De son mariage avec Antonia l'aînée naquit Cnaeus, le père de Néron, dont la conduite fut en tout point détestable : ainsi, ayant accompagné en Orient le jeune Caius César[7], il tua l'un de ses affranchis qui s'était refusé à boire autant qu'il le lui ordonnait, et quoique, pour ce fait, Caius l'eût chassé du groupe de ses amis, il ne se conduisit nullement avec plus de modération. Au contraire, en faisant galoper tout à coup son attelage dans un bourg de la voie Appienne, il écrasa volontairement un enfant, et, à Rome, en plein forum, il arracha un œil à un chevalier romain qui lui adressait des reproches sans se gêner.

Suétone, *Néron*, 5, 1

Née en 15, Agrippine est l'arrière-petite-fille d'Auguste, la fille de Germanicus et l'une des sœurs de Caligula. Elle a 14 ans lorsqu'elle épouse ce « détestable », mais influent, Cnaeus Domitius Ahenobarbus qui fut préteur et consul sous l'empereur Tibère. Le

_____

7. L'empereur Caligula.

mariage a été voulu par Tibère dont elle est à la fois la petite-nièce et la petite-fille adoptive.

Quoi qu'il en soit, Tibère, après avoir donné en sa présence à Cn. Domitius sa petite-fille Agrippine, née de Germanicus, voulut que les noces fussent célébrées à Rome. En Domitius était choisi, outre le rejeton d'une antique famille, un sang proche des Césars, car il avait pour aïeule Octavie et pouvait s'enorgueillir d'avoir par elle Auguste pour grand-oncle.

Tacite, *Annales*, 4, 75

Le couple n'en connaîtra pas moins des relations orageuses… Lorsque l'enfant Lucius Domitius Ahenobarbus, le futur Néron, paraît enfin le 15 décembre 37 à Antium, on remarque toutes sortes de signes annonciateurs d'un destin tragique.

Les signes suivants annoncèrent sa grandeur : au moment où, vers l'aurore, il venait au monde, il fut environné de rayons lumineux avant qu'on vît le soleil en projeter aucun. Cette circonstance, jointe à la position des astres en cet instant et à leurs conjonctions, conduisit un astrologue à prédire deux choses au sujet de l'enfant : l'une qu'il parviendrait à l'empire, l'autre qu'il ferait mourir sa mère. En entendant cette prédiction, Agrippine fut sur le moment tellement transportée hors d'elle-même qu'elle s'écria :

– Qu'il me tue, pourvu qu'il règne !

Mais, par la suite, elle devait bien se repentir de ce vœu. Il y a, en effet, des personnes qui tombent dans un si grand excès de folie, lorsqu'elles s'attendent à jouir d'un bien mêlé de maux, que le désir d'obtenir ce qui est avantageux leur fait tout d'abord mépriser ce qui est funeste, puis s'irriter quand est venu le tour du malheur, et regretter même d'avoir joui de leur bonheur. Quoi qu'il en soit, Domitius, père de Néron, prédit suffisamment ses vices et ses dérèglements, non par la divination, mais par la connaissance qu'il avait de ses propres mœurs et de celles d'Agrippine :

– Il est impossible, dit-il, qu'il naisse un honnête homme de moi et d'elle[8].

Dion Cassius, *Histoire romaine*, 61, 2

Au neuvième jour de leur vie, les nouveau-nés reçoivent leur nom au cours d'une cérémonie rituelle. L'ambitieuse Agrippine espère que son frère Caligula, qui vient de succéder à Tibère, lui accordera, par le choix du nom, la faveur d'inscrire l'enfant comme héritier possible. En vain.

Son destin néfaste fut encore annoncé de façon très claire, le jour de la purification. En effet, C. César, prié par sa sœur de donner à l'enfant le nom qu'il voudrait, regarda Claude, son oncle, qui plus tard, une fois empereur, adopta Néron, et déclara :

– Je lui donne le sien !

Mais il n'indiquait lui-même ce nom que pour plaisanter et, de son côté, Agrippine le dédaigna, parce que Claude était alors un des jouets de la cour[9].

Suétone, *Néron*, 6, 3

8. Suétone rapporte ainsi ce propos : « Il n'a pu naître d'Agrippine et de moi rien que de détestable et funeste à l'État. »

9. Claude, l'oncle de Caligula, était bègue, d'une grande gaucherie et d'un caractère faible. Bien qu'érudit, rien ne semblait le prédisposer alors à de hautes fonctions.

UN DESTIN DÈS L'ENFANCE

39-50

La moquerie de Caligula marque le début d'une enfance perturbée et peu rassurante. Balloté au gré des haines et des luttes de pouvoir qui agitent les multiples branches de sa famille, le petit Lucius Domitius est bien vite privé de sa mère. En 39, accusée d'avoir trempé dans le complot d'Aemilius Lepidus contre son frère Caligula, Agrippine est exilée aux îles Pontines, et ses biens confisqués. Ce n'est pas une période heureuse pour l'enfant de trois ans qui, sans ressources après la mort de son père en 40, est confié à sa tante Lepida. Seules ses deux nourrices d'origines orientales, Églogé et Alexandria, lui témoignent de l'affection. Quant à son éducation, Suétone mentionne avec dédain qu'elle est confiée « à un danseur et un barbier ».

Mais bientôt le vent tourne. Le 24 janvier 41, le dément Caius Caligula est assassiné à la suite d'une conspiration.

Caius célébrait une fête sur le Palatin et donnait un spectacle. Et en même temps, il mangeait et buvait, tout en traitant les autres ; Pomponius Secundus, alors consul, portait les mets à sa bouche et, assis aux pieds de Caius, se baissait continuellement pour les embrasser. Mais lorsque Caius voulut danser et jouer la tragédie, les complices de Chereas ne purent plus tenir ; ils épièrent Caius lorsqu'il sortit du théâtre pour voir des enfants, fils des plus nobles familles de Grèce et d'Ionie, qu'il avait convoqués pour qu'ils chantent un hymne composé en son honneur, ils se saisirent de lui dans une ruelle et le tuèrent. Quand Caius fut tombé, aucun homme présent ne se retint plus, son cadavre fut cruellement attaqué. Certains même goûtèrent de sa chair. Ils égorgèrent aussi sa femme et sa fille.

Dion Cassius, *Histoire romaine*, 59, 29, 5-7

Après quelques heures de grande incertitude politique, Claude succède à son neveu dans des conditions rocambolesques.

Épouvanté par la nouvelle du crime, Claude se glissa en rampant vers une terrasse voisine et se dissimula dans les plis de la tenture placée devant la porte. Un soldat qui courait de tous côtés ayant par hasard aperçu ses pieds fut curieux de savoir qui ce pouvait bien être, le reconnut, le tira de sa cachette, et, comme Claude, terrifié, se jetait à ses genoux, le salua empereur. Ensuite, il le conduisit vers ses camarades indécis et se bornant encore à frémir. Ceux-ci le mirent dans une litière, puis, comme ses esclaves s'étaient enfuis, le portèrent à tour de rôle sur leurs épaules jusqu'à leur camp, tout consterné et tremblant, tandis que la foule, sur son passage, le plaignait, comme un innocent que l'on traînait au supplice.

Reçu à l'intérieur du retranchement, il passa la nuit au milieu des sentinelles, avec beaucoup moins d'espoir que de confiance. En effet, les consuls, avec l'aide du Sénat et des cohortes urbaines, avaient occupé le forum et le Capitole, dans l'intention de défendre la liberté de tous[1]. Lui-même, convoqué par des tribuns du peuple à venir dans la Curie conseiller ce qu'il jugerait utile, répondit « qu'il était retenu par la force et par la nécessité ». Mais le lendemain, comme le Sénat, par dégoût de se voir partagé entre divers avis contraires, poursuivait plus mollement la réalisation de ses desseins et que déjà la foule entourant la Curie réclamait un seul maître en le nommant, Claude laissa les troupes assemblées en armes lui jurer obéissance et promit à chaque soldat quinze mille sesterces : il fut ainsi le premier des Césars qui, pour s'assurer la fidélité des soldats, leur ait même donné de l'argent.

Suétone, *Claude*, 10, 2-8

1. Le parti de la République.

Ayant assuré son trône, Claude décrète une amnistie et rappelle d'exil sa nièce Agrippine qui épousera bientôt Crispus Passienus, l'un des hommes les plus riches de Rome. Celui-ci vient de divorcer de Domitia Lepida, la tante du futur Néron, qui est aussi la mère de Messaline ! Claude est marié depuis peu, en troisième noce, à Messaline, dont il a eu deux enfants : Octavie et Britannicus. La belle et sensuelle Agrippine est aussi un animal politique féroce et sans scrupule, et les ambitions qu'elle affiche pour son fils Lucius inquiètent Messaline.

Une fois Claude maître de l'empire, non seulement Néron recouvra son patrimoine, mais fut enrichi par l'héritage de Crispus Passienus, son beau-père. Puis le crédit et la puissance de sa mère, qui avait été rappelée et rétablie dans ses droits, le grandirent à tel point que, suivant un bruit répandu dans le public, Messaline, l'épouse de Claude, le considérant comme un rival pour Britannicus, envoya des gens l'étrangler pendant sa sieste.

La légende ajoutait que les assassins, voyant un serpent dragon se dresser à son chevet, s'enfuirent avec épouvante. Ce qui donna lieu à cette fable, c'est qu'on avait découvert la dépouille d'un serpent, dans son lit, autour de son oreiller. Cependant, comme Agrippine avait fait enchâsser cette dépouille dans un bracelet d'or, Néron le porta assez longtemps autour de son poignet droit, puis il le rejeta enfin, quand le souvenir de sa mère lui devint importun et, de nouveau, le fit rechercher, mais en vain, dans ses derniers malheurs.

Suétone, *Néron*, 6, 6-8

Depuis le retour en grâce de sa mère, Lucius Domitius Ahenobarbus bénéficie de l'éducation réservée aux jeunes nobles. Trop occupée par ses intrigues politiques, Agrippine charge deux affranchis d'origine grecque, Anicetus et Beryllus, de lui donner la meilleure formation en langues, littérature, rhétorique et

mathématiques. Lucius Domitius se montre brillant élève. Leur
initiation ne sera pas étrangère à l'engouement du futur empereur
pour la culture orientale. À dix ans, l'enfant se fait remarquer lors
des Jeux séculaires de 47 qui commémorent le 800ᵉ anniversaire
de la fondation de Rome.

À un âge encore tendre, en pleine enfance, il participa
aux Jeux troyens[2], pendant les représentations du cirque,
avec beaucoup d'assurance et de succès.

Suétone, *Néron*, 7, 1

Sous la présidence de Claude aux jeux du cirque, alors que
de jeunes enfants nobles exécutaient à cheval le divertissement
de Troie, avec parmi eux Britannicus, fils de l'empereur, et
L. Domitius, que l'adoption appela dans la suite à l'empire
et au surnom de Néron, la faveur de la plèbe, plus vive à
l'égard de Domitius, passa pour un présage. [...] À vrai dire,
le penchant du peuple témoignait d'un reste d'attachement
au souvenir de Germanicus[3], dont il était le seul descendant
mâle ; en outre, la pitié qu'on avait pour sa mère Agrippine
était accrue par la cruauté de Messaline, qui, toujours acharnée
et alors plus passionnée que jamais, lui eût suscité des griefs
et des accusateurs si un amour nouveau et voisin de la frénésie
ne l'eût occupée tout entière.

Tacite, *Annales*, 11, 11, 2 – 12, 1

Arrêtons-nous un instant sur Messaline, car elle ne tardera
pas à quitter cette histoire, victime de ses propres excès. Messaline,

---

2. Inventés, dit-on, par Énée, les Jeux troyens comportaient entre
autres des combats simulés, généralement à cheval. Ils sont décrits
par Virgile dans le chant V de l'*Énéide*.
3. Né en 15 av. J.-C., ce général est le père de Caligula et
d'Agrippine. Militaire doué, d'une grande beauté, il jouit d'une
popularité sans égale en raison de ses campagnes victorieuses contre
les Germains. Il meurt à Antioche en 19.

la scandaleuse, la cruelle, la cupide… La liste de ses crimes est longue. Ses ardeurs amoureuses et son appétit sexuel la poussent à toutes les extrémités. En quelques vers saisissants, le poète Juvénal laissera de l'épouse de Claude l'image d'une nymphomane se livrant à la prostitution.

Écoute ce qu'a subi Claude : dès qu'elle sentait son mari endormi, préférant sans vergogne une couchette à son lit d'apparat, la Pute Impériale s'encapuchonnait et s'évanouissait dans la nuit, sans autre compagnie qu'une servante. Camouflant ses cheveux noirs sous une perruque blonde, elle gagnait un bordel moite aux rideaux rapiécés où un box lui était affecté, elle s'y exhibait nue, les seins pris dans une résille d'or, sous un pseudonyme affiché, « Lycisca », et proposait la matrice qui t'a porté, noble Britannicus ! Elle faisait goûter ses caresses à qui entrait, se faisait payer sa passe, renversée, ouverte ; une foule la besognait et y déchargeait, et, quand le bordelier libérait enfin ses filles, elle s'en allait tristement, n'ayant pu qu'être la dernière à fermer boutique, brûlante encore de la tension de sa vulve raide, elle rentrait, fatiguée du mâle mais toujours pas repue, les paupières ignoblement battues, crasseuse de la suie du lumignon, rapporter dans l'alcôve auguste le remugle du bordel !

Juvénal, *Satires*, 6, 115-132

Mais quel est donc cet « amour nouveau et voisin de la frénésie » dont parle Tacite qui va précipiter la perte de Messaline ?

En effet, elle s'était enflammée pour C. Silius, le plus beau des jeunes Romains, d'une passion si ardente qu'elle fit rompre son mariage avec Junia Silana, femme de la noblesse, pour posséder son amant sans partage. Silius n'ignorait ni le scandale ni le danger ; mais, ayant la certitude de périr s'il refusait et un vague espoir de tromper l'attention, pourvu aussi de larges récompenses, il tenait pour consolant de voiler l'avenir et de jouir du présent. Quant à elle, loin de se cacher, elle ne cessait de fréquenter sa maison avec une suite nombreuse, de s'attacher à ses pas, de lui prodiguer richesses et honneurs. Enfin, comme si déjà la fortune eût changé de mains, les esclaves, les affranchis, le mobilier du prince étaient exposés à la vue chez l'amant de sa femme.

Tacite, *Annales*, 11, 12, 2-3

À Rome, tout se sait et tout se dit. Et l'on s'étonne de l'apparente ignorance de Claude, voire de sa complaisance, quant aux débordements de sa jeune épouse.

Déjà Messaline, dégoûtée de ses adultères trop faciles, se laissait entraîner à des voluptés inconnues, lorsque, de son côté, Silius la pressait de couper court à la dissimulation, poussé par un délire fatal ou croyant trouver dans les périls mêmes un remède aux périls qui le menaçaient : assurément ils n'en étaient pas réduits à la nécessité d'attendre la vieillesse du prince. Aux innocents les projets inoffensifs ; ceux dont le scandale est manifeste devaient recourir à l'audace. Ils avaient près d'eux des complices qui partageaient leurs craintes.

Pour lui, sans femme, sans enfants, il était prêt à se marier, en adoptant Britannicus. Messaline garderait le même pouvoir en y ajoutant la sécurité, s'ils devançaient Claude, aussi prompt à la colère qu'insoucieux des pièges. Elle accueillit froidement ces paroles, non par attachement à son mari, mais dans la crainte que Silius, parvenu au rang suprême, ne méprisât une femme adultère et que, après avoir approuvé le crime au milieu des dangers, il ne l'estimât ensuite à son vrai prix. Pourtant le mot de mariage excita ses désirs par la grandeur de l'infamie, où ceux qui ont tout prodigué trouvent la dernière jouissance. N'ayant attendu que le départ de Claude, qui allait à Ostie pour un sacrifice, elle célèbre ses noces avec toute la solennité habituelle.

Tacite, *Annales*, 11, 26

Cette fois, l'entourage de l'empereur juge que les bornes sont dépassées.

Ainsi donc, la maison du prince avait frémi d'horreur, et ceux-là surtout qui détenaient le pouvoir et redoutaient un changement éventuel, renonçant aux entretiens secrets, protestaient ouvertement : qu'un histrion eût foulé insolemment la couche impériale apportait certes un déshonneur, mais n'entraînait pas la ruine. Maintenant un homme jeune et noble, ayant pour lui la distinction de la beauté, la vigueur de l'esprit et la proximité du consulat, s'armait pour un plus haut espoir ; de fait, on voyait bien ce qui restait à faire après un tel mariage. Assurément la crainte les envahissait à la pensée que Claude était un niais, asservi à son épouse, et que de nombreux meurtres avaient été commis sur l'ordre de Messaline.

En revanche, la faiblesse même de l'empereur leur inspirait confiance : si l'énormité du crime leur donnait l'avantage, cette femme pourrait succomber en étant condamnée avant d'être jugée. Mais la question était de savoir si sa défense serait entendue et de faire en sorte que les oreilles de Claude fussent fermées même à ses aveux.

Tacite, *Annales*, 11, 28

L'affranchi Narcisse, homme de confiance de Claude, se résout à informer l'empereur de son infortune et du danger qu'elle lui fait courir. On arrête Silius et les membres de sa coterie. Avertie d'une vengeance possible de Claude, Messaline tente par tous les moyens d'obtenir audience auprès de son époux afin d'implorer sa clémence. Conformément à son caractère, l'empereur se montre hésitant et penche pour la pitié.

Cependant Messaline, revenue dans les jardins de Lucullus, cherchait à prolonger sa vie, à composer une supplique, non sans un reste d'espoir et avec des accès de colère : tant elle montrait d'orgueil en cette extrémité ! Et, si Narcisse n'avait pas hâté son meurtre, le coup retombait sur l'accusateur. En effet, Claude, rentré chez lui et adouci par un festin prolongé, une fois échauffé par le vin, ordonne qu'on aille signifier à la malheureuse – ce fut, dit-on, le mot qu'il employa – de se présenter le lendemain pour plaider sa cause.

À ces mots, on comprit que la colère faiblissait, que l'amour revenait et, si l'on temporisait, on redoutait la nuit prochaine et le souvenir du lit conjugal. Narcisse bondit et enjoint aux centurions et au tribun de garde d'accomplir le meurtre : tel était l'ordre de l'empereur. Pour les surveiller et presser l'exécution, on leur adjoint l'affranchi Evodus. Celui-ci courut aux jardins en prenant les devants, et il trouva Messaline étendue à terre, ayant près d'elle sa mère Lepida, qui, brouillée avec sa fille en pleine prospérité, avait été, en ces moments suprêmes, réduite à la compassion et qui lui conseillait de ne pas attendre le meurtrier : c'en était fait de sa vie et il ne lui restait qu'à rendre sa mort honorable. Mais cette âme, corrompue par les débauches, n'avait plus rien de noble ; les larmes et les plaintes stériles se prolongeaient quand les arrivants forcèrent la porte, et le tribun se dressa devant elle en silence, tandis que l'affranchi se répandait en injures, bien dignes d'un esclave.

Tacite, *Annales*, 11, 37

Alors pour la première fois elle comprit sa situation et saisit un poignard, mais, tandis que, dans son trouble, elle l'approchait en vain de sa gorge ou de sa poitrine, le tribun la transperce d'un coup. Le corps fut abandonné à sa mère. Claude était encore à table quand on lui annonça que Messaline avait péri, sans préciser si c'était de sa main ou par celle d'un autre. Lui, sans en demander davantage, réclama une coupe et fit honneur au banquet comme d'habitude. De même, les jours suivants, il ne manifesta ni haine ni bonheur ni colère ni tristesse, bref aucun sentiment humain, alors qu'il avait sous les yeux soit les accusateurs en joie, soit ses enfants en larmes. Et ce qui contribua à l'oubli de Messaline fut une décision du Sénat, ordonnant que son nom et ses images fussent retirés de tous les lieux privés et publics.

Tacite, *Annales*, 11, 38, 1-3

Peu après, Claude déclare devant l'assemblée des prétoriens que « puisque les mariages lui réussissaient mal, il resterait dans le célibat et consentait, s'il n'y restait pas, à être transpercé de leurs propres mains[4]... ».

Pourtant, il ne put s'empêcher de songer aussitôt à une nouvelle union, soit avec Paetina, qu'il avait autrefois renvoyée, soit avec Lollia Paulina, qui avait été l'épouse de C. César.

Suétone, *Claude*, 26, 6

De fait, son entourage ne tient pas compte de ces belles paroles venant d'un homme connu pour la faiblesse de son caractère.

Le meurtre de Messaline bouleversa la maison du prince en provoquant une rivalité entre les affranchis, à qui choisirait une épouse pour Claude, incapable de supporter le célibat et soumis à la domination conjugale. Et les intrigues des femmes n'étaient pas moins ardentes : chacune rivalisait de noblesse, de beauté, de fortune, et faisait valoir ses titres à un tel mariage.

Tacite, *Annales*, 12, 1, 1

Veuve de Crispus Passienus depuis peu, Agrippine s'inscrit au nombre des prétendantes avec le soutien de l'affranchi Pallas, intendant du palais.

Mais Pallas vantait surtout chez Agrippine l'avantage d'amener avec elle un petit-fils de Germanicus : cela siérait

4. Suétone, *Claude*, 26, 5.

bien à la dignité impériale, qui unirait une noble lignée aux
descendants de la famille Claudia, en évitant qu'une femme
d'une fécondité éprouvée et en pleine jeunesse n'allât porter
l'éclat des Césars dans une autre maison.

                                    Tacite, *Annales*, 12, 2, 3

*Claude entend le conseil et se laisse enjôler par l'intrigante nièce
qui se comporte vite comme une épouse avant l'heure.*

Mais, les caresses d'Agrippine, la fille de son frère
Germanicus, qui avait le droit de l'embrasser et mille
occasions de le séduire, lui ayant inspiré de l'amour, il
soudoya des sénateurs qui, à la première séance du Sénat,
proposèrent qu'on le contraignît à l'épouser, prétendument
dans l'intérêt supérieur de l'État, et qu'on autorisât tous les
citoyens à contracter de pareilles unions, regardées alors
comme incestueuses.

                                    Suétone, *Claude*, 26, 7

*C'est l'influent conseiller Vitellius⁵ qui a imaginé le stratagème
et emporté l'assentiment de l'assemblée par un discours enthousiaste
qu'il conclut ainsi :*

– Puisque tous conseillaient le mariage du prince, il
fallait choisir une femme distinguée par sa noblesse, ses
maternités, sa chasteté. Or il n'était pas besoin de chercher
longtemps pour trouver qu'Agrippine l'emportait par l'éclat
de sa race. [...] On objectait qu'il n'y avait chez nous aucun
exemple d'oncles épousant leurs nièces ; mais c'était chez
d'autres peuples une pratique consacrée, et aucune loi ne
l'interdisait. En outre, les unions entre cousins germains,

5. Proche de Caligula, puis de Néron. Consul en 48 et proconsul
d'Afrique en 60-62, il sera proclamé empereur à la mort d'Othon
en 69.

longtemps inconnues, s'étaient répandues avec le temps.
Les coutumes s'accommodaient à l'intérêt, et la nouveauté
d'aujourd'hui passerait demain parmi les usages.

Il ne manqua pas de sénateurs pour se précipiter à l'envi
hors de la Curie, en attestant que, si César hésitait, ils
emploieraient la force. Une foule confuse s'attroupe et répète
à grands cris que le peuple romain forme les mêmes vœux.
Alors Claude, sans attendre davantage, se rend au forum et
s'offre aux félicitations, puis entre au Sénat et demande un
décret qui légitime aussi pour l'avenir les noces entre oncles
et nièces. Dès lors une révolution transforma la cité : tout
obéissait à une femme, mais qui ne livrait pas à ses caprices,
comme Messaline, les affaires de l'État romain. La bride
était serrée, la servitude imposée comme par un homme ;
elle avait en public un air sévère et assez souvent hautain,
à son foyer des mœurs honnêtes, sauf pour les besoins de
sa domination. Une soif insatiable de l'or se couvrait du
prétexte de procurer des ressources au pouvoir.

Tacite, *Annales,* 12, 6, 1-3 – 7

Elle entreprend alors de sceller le destin du futur Néron.

De fait, une fois sûre de son mariage, elle se met à
échafauder des plans plus ambitieux et à combiner les noces
de Domitius, qu'elle avait eu de Cn. Ahenobarbus, avec
Octavie, fille de César. Ce projet ne pouvait s'accomplir
sans un crime, car L. Silanus avait été fiancé à Octavie par
César, qui, en ajoutant aux titres déjà brillants du jeune
homme les ornements du triomphe et la magnificence d'un
spectacle de gladiateurs, l'avait offert aux sympathies de la
foule. Mais rien ne paraissait difficile avec un prince dont
l'âme n'avait ni préférence ni haine qui ne lui fut suggérée
et prescrite.

Tacite, *Annales*, 12, 3, 2

L'entourage d'Agrippine orchestre la calomnie.

Ainsi Vitellius, couvrant du titre de censeur de serviles roueries et habile à prévoir la montée des puissances, cherche à gagner la faveur d'Agrippine en s'immisçant dans ses projets et en portant des griefs contre Silanus, dont la sœur, la belle et provocante Junia Calvina, avait été naguère la bru de Vitellius. Ce fut le fondement de l'accusation : d'un amour fraternel, non incestueux mais imprudent, il fit une infamie. Et César prêtait l'oreille, d'autant plus disposé à accueillir les insinuations contre son gendre qu'il chérissait sa fille.

Quant à Silanus, ignorant le complot et exerçant par hasard la préture cette année-là, il est brusquement chassé de l'ordre sénatorial par un édit de Vitellius, bien que le choix des sénateurs eût été fait depuis longtemps et le lustre achevé. En même temps, Claude rompit l'alliance conclue, et Silanus fut contraint de renoncer à sa charge.

Tacite, *Annales*, 12, 4

Silanus marque d'une tache de sang l'union de Claude et de sa nièce Agrippine, célébrée le 1ᵉʳ janvier 49.

Le jour des noces, Silanus se donna la mort, soit qu'il eût prolongé jusque-là l'espoir de vivre, soit qu'il eût choisi ce jour pour accroître la haine. Sa sœur Calvina fut chassée d'Italie. Claude décida en outre que les cérémonies instituées par les lois du roi Tullus seraient célébrées et des expiations opérées par les pontifes dans le bois sacré de Diane, provoquant les risées de tous à l'idée qu'on eût choisi un tel moment pour la punition et la purification d'un inceste. Mais Agrippine, afin de ne pas se signaler seulement par de mauvaises actions, obtient pour Annaeus Sénèque le rappel de l'exil[6] ainsi que la

_____

6. Né à Cordoue en 4 av. J.-C., Sénèque le Jeune est un philosophe de l'école stoïcienne. Homme d'État, il est l'auteur de nombreux traités philosophiques, moraux et scientifiques, ainsi que de tragédies.

préture, persuadée que cet acte ferait plaisir à tous vu l'éclat
de ses travaux, désireuse aussi que l'enfance de Domitius
grandisse sous un tel maître et que celui-ci puisse seconder
par ses conseils leur espoir de domination, car on croyait
Sénèque dévoué à Agrippine en souvenir de son bienfait et
hostile à Claude par ressentiment du tort subi.

Tacite, *Annales*, 12, 8, 1-2

Elle réussit dans ses menées, d'une part en usant de la
persuasion avec Claude par l'entremise de ses affranchis,
d'autre part en subornant le Sénat, le peuple et les soldats, de
manière qu'on entendit sans cesse retentir des cris favorables
à son projet. Agrippine élevait son fils pour être le maître un
jour, lui donnait Sénèque pour précepteur, lui amassait des
richesses incalculables, sans reculer devant aucuns moyens,
même les plus infâmes, de se procurer de l'argent, caressant
tout le monde, pour peu qu'on fût riche, et faisant périr
plusieurs citoyens pour ce seul motif. Il y eut aussi des
femmes illustres qui furent victimes de sa jalousie ? C'est
ainsi que Paulina Lollia fut punie de mort pour avoir autrefois
eu quelque espérance d'épouser Claude. Quand on lui eut
apporté la tête de Lollia, ne pouvant la reconnaître, elle
lui ouvrit la bouche de sa propre main et regarda ses dents
qu'elle avait faites d'une façon particulière.

Dion Cassius, *Histoire romaine*, 60, 32

*Ayant choisi, en la personne du stoïcien Sénèque, un précepteur à
la mesure des ambitions qu'elle nourrit pour son fils, Agrippine veut
accélérer le projet de fiançailles de Lucius Domitius avec Octavie.*

On décida ensuite de ne plus attendre et, à force de
promesses, on engage le consul désigné Mammius Pollio

Victime des intrigues de Messaline, il avait été exilé en Corse par
Caligula en 41.

à présenter une motion par laquelle Claude serait prié de
fiancer Octavie à Domitius. Leur âge ne s'y opposait pas, et
cette union ouvrirait la voie à de plus grands desseins. Pollio
emploie à peu près les mêmes mots que naguère Vitellius,
dans sa proposition. Octavie est fiancée, et, ajoutant à ses
anciens liens de parenté les titres de promis, puis de gendre,
Domitius devient l'égal de Britannicus grâce aux soins de sa
mère et à la politique de ceux qui, ayant accusé Messaline,
redoutaient une vengeance de son fils.

> Tacite, *Annales*, 12, 9

*Voici donc, à 13 ans, Lucius fiancé à sa cousine de 9 ans, qui
est aussi la fille de son beau-père avant de devenir sa sœur légale.
Mais, pour cela, il reste un pas décisif à franchir.*

L'adoption en faveur de Domitius est hâtée par le crédit
de Pallas, qui, attaché à Agrippine comme négociateur de
son mariage, puis lié à elle par un commerce coupable,
pressait Claude de veiller aux intérêts de l'État, en donnant
à l'enfance de Britannicus un ferme appui. Ainsi le divin
Auguste, malgré le soutien de ses petits-fils, avait mis en
honneur ses beaux-fils. Tibère, outre sa propre descendance,
s'était adjoint Germanicus[7]. Il devait, lui aussi, se pourvoir
d'un jeune homme, qui assumerait une partie de ses soucis.
Vaincu par ces raisons, il place Domitius, de trois ans plus
âgé, au-dessus de son fils, en prononçant au Sénat un discours
dans les propres termes qu'il tenait d'un affranchi.

> Tacite, *Annales*, 12, 25

Cependant on adressa au prince des actions de grâces,
en réservant à Domitius une adulation plus raffinée ; et une
loi fut votée pour le faire passer dans la famille claudienne

---

7. Petit-fils adoptif d'Auguste, Germanicus est adopté en 4
par Tibère.

avec le nom de Néron. Agrippine pour sa part reçoit le nom
d'Augusta. Ces actes accomplis, il n'y eut personne assez
dénué de compassion pour que le sort de Britannicus ne
l'affligeât pas profondément. Délaissé peu à peu même par
les esclaves qui le servaient, il tournait en dérision les soins
particulièrement importuns de sa marâtre, dont il comprenait
l'hypocrisie, car on rapporte que son esprit ne manquait pas
de vivacité, soit que ce fût vrai, soit que l'épreuve des périls
lui ait valu une réputation qu'il n'a pu justifier.

Tacite, *Annales*, 12, 26

L'EMPIRE VOLÉ

50-54

Sous l'impulsion d'Agrippine, les années 49-53 sont les années fondatrices de Néron. Son adoption par Claude en 50 en fait un sérieux prétendant à la succession. Il s'appelle désormais Tiberius Claudius Nero[1] Drusus Germanicus et, à partir de mars 51, jouit de toutes les faveurs.

On fit prendre avant l'âge[2] la toge virile à Néron, pour qu'il parût apte à assumer la gestion des affaires publiques. Et César accorda volontiers aux adulations du Sénat que Néron accédât au consulat dans sa vingtième année et que jusque-là, en qualité de consul désigné, il reçût le pouvoir proconsulaire hors de la Ville et fût appelé « prince de la jeunesse ». On fit aussi en son nom une distribution d'argent aux soldats, de vivres à la plèbe. Et dans les jeux du cirque, qui étaient donnés pour lui gagner les sympathies de la foule, Britannicus défila en robe prétexte[3], Néron en habit triomphal[4]. Ainsi le peuple pouvait les contempler, l'un dans l'éclat du commandement, l'autre dans le costume de l'enfance, et pressentir en conséquence la destinée de chacun.

En même temps, ceux des centurions et des tribuns qui prenaient en pitié le sort de Britannicus furent éloignés pour

---

1. *Nero* est le surnom (*cognomen*) d'une branche de la *gens* Claudia. Il signifie « fort ».
2. Avant 14 ans (Néron n'a alors que 13 ans).
3. Toge blanche portée par les enfants jusqu'à l'attribution de la toge virile.
4. En vertu de son *imperium proconsulare*.

des raisons fictives, certains sous prétexte d'avancement ;
même parmi les affranchis, ceux qui lui gardaient une foi
incorruptible sont chassés, dans les circonstances suivantes :
les deux frères s'étant rencontrés, Néron salua Britannicus
par son nom, l'autre l'appela Domitius. Voulant voir là un
début de discorde, Agrippine dénonce le fait à son mari
avec force plaintes :

— On méprisait donc l'adoption ! Un acte voté par le
Sénat, ordonné par le peuple, était abrogé en privé. Si l'on
ne réprime pas la perversité de ceux qui donnent de telles
leçons de haine, ce mal éclatera pour la ruine de l'État.

Vivement ému par ces paroles, qu'il prend pour des
griefs, Claude punit de l'exil ou de la mort les meilleurs
éducateurs de son fils, et lui impose des surveillants choisis
par une marâtre.

Tacite, *Annales*, 12, 41

Cependant Agrippine n'osait pas encore aller jusqu'au
bout, tant que les cohortes prétoriennes restaient confiées
aux soins de Lusius Geta et de Rufrius Crispinus, qu'elle
croyait dévoués au souvenir de Messaline et attachés à
ses enfants. Aussi, affirmant à son époux que les cohortes
étaient divisées par la rivalité de deux chefs et que, si un seul
dirigeait, la discipline serait plus ferme, fait-elle transférer
le commandement des cohortes à Burrus Afranius, qui avait
une brillante réputation militaire, mais qui savait par quelle
volonté il était mis à leur tête.

Agrippine cherchait aussi à rehausser le faîte de sa
grandeur : elle entrait en char au Capitole, honneur réservé
de tout temps aux prêtres et aux objets sacrés, qui amplifiait
les marques de respect à l'égard d'une femme, fille d'un
imperator, sœur, épouse et mère des souverains du monde,
exemple unique à ce jour.

Tacite, *Annales*, 12, 42, 1-2

Son maître Sénèque a donné à Néron une solide formation rhétorique et juridique et, lorsqu'il est fait avocat des provinces en 53, on admire sa facilité à s'exprimer aussi bien en latin qu'en grec.

Pour le faire briller par des occupations honorables et par la gloire de l'éloquence, on le chargea de plaider la cause de Troie. Après avoir rappelé avec aisance l'origine troyenne des Romains, Énée fondateur de la lignée julienne et d'autres traditions proches de la fable, il obtient que les habitants de Troie soient exemptés de toute charge publique. Le même orateur fait attribuer à la colonie de Bologne, détruite par un incendie, un secours de dix millions de sesterces. La liberté est rendue aux Rhodiens, qui l'avaient souvent perdue ou affermie, selon qu'ils nous avaient servis dans des guerres étrangères ou abandonnés par suite d'une sédition domestique. Enfin, aux habitants d'Apamée, ruinés par un tremblement de terre, fut accordée la remise du tribut pour cinq ans.

Tacite, *Annales*, 12, 58

Il rendit aussi la justice pour la première fois comme préfet de Rome, durant les fêtes latines, et les plus célèbres avocats rivalisèrent entre eux pour porter à son tribunal non point, suivant l'usage, des affaires courantes et vite réglées, mais une foule de causes importantes, cela malgré l'interdiction de Claude.

Suétone, *Néron*, 7, 8

Néron épouse Octavie en 53. Cependant, Agrippine est inquiète, car le nombre de ses ennemis augmente. Elle n'ignore pas l'état d'esprit de son mari et redoute qu'un parti favorable à Britannicus ne s'oppose à son entreprise.

Vers la fin de sa vie, Claude avait fait voir par certains signes assez clairs qu'il regrettait son mariage avec Agrippine et l'adoption de Néron. Ainsi, entendant ses affranchis rappeler avec éloge une condamnation qu'il avait portée la veille contre une femme accusée d'adultère, il proféra :

— Mon destin, à moi aussi, veut que toutes mes femmes soient impudiques, mais non impunies.

Et l'instant d'après, rencontrant Britannicus, il lui dit en le serrant étroitement entre ses bras :

— Grandis et je te rendrai compte de toutes mes actions.

Puis, par surcroît, en grec :

— Celui qui t'a blessé te guérira aussi [5].

Quand il exprima l'intention de lui donner la toge virile, puisque sa taille le permettait, quoiqu'il fût encore impubère et tout enfant, il ajouta :

— C'est pour que le peuple romain ait enfin un véritable César[6].

Peu de temps après il rédigea même son testament et le fit signer par tous les magistrats. Aussi, avant de pouvoir aller plus loin, il fut prévenu par Agrippine qui, outre ces symptômes inquiétants, se voyait accusée de nombreux crimes non seulement par sa conscience, mais aussi par les délateurs.

Suétone, *Claude*, 43 – 44, 1-2

Agrippine concentre d'abord sa haine contre Domitia Lepida, la tante de Néron qui l'avait élevé dans sa tendre enfance. Elle la soupçonne de vouloir retourner le jeune homme contre sa mère.

Elle résolut d'agir au plus tôt, en perdant d'abord Domitia Lepida, pour des raisons bien féminines, parce que Lepida,

---

5. Formule par laquelle l'oracle avait répondu à la question de Télèphe, roi de Mysie, blessé d'un coup de lance par Achille. Il parvint, en effet, à se guérir, d'après la légende, en touchant sa blessure avec la lance d'Achille. Ce propos souligne l'érudition de Claude.

6. Claude veut dire : un empereur qui succède régulièrement à son père.

fille d'Antonia la Jeune, petite-nièce d'Auguste, cousine
germaine du père d'Agrippine et sœur de son mari Cnaeus,
se croyait son égale en noblesse.

Ni la beauté, ni l'âge, ni les richesses ne différaient
beaucoup de l'une à l'autre ; et toutes deux, impudiques,
décriées, violentes, étaient rivales par leurs vices non moins
que par les succès dus à la fortune. Mais en fait la querelle
la plus vive était à qui, de la tante ou de la mère, aurait le
plus d'ascendant sur Néron : Lepida, à force de cajoleries et
de largesses, enchaînait ce jeune cœur. Au contraire, sévère
et menaçante, Agrippine, capable de donner l'empire à son
fils, ne pouvait souffrir qu'il en fût le maître.

Tacite, *Annales*, 12, 64, 2-3

Quoi qu'il en soit, Lepida fut accusée d'avoir eu recours
contre l'épouse du prince à des envoûtements et d'entretenir
en Calabre des bandes d'esclaves peu disciplinées, qui
troublaient la paix de l'Italie. Ces griefs entraînèrent un
arrêt de mort, malgré la vive opposition de Narcisse, qui, se
défiant de plus en plus d'Agrippine, avait confié, disait-on,
à ses intimes que sa perte était assurée, soit que Britannicus,
soit que Néron prît le pouvoir ; mais que sa reconnaissance
envers César l'obligeait à donner sa vie pour le bien du
prince. Il avait prouvé la culpabilité de Messaline et Silius ;
il y aurait à nouveau des motifs aussi valables d'accuser si
Néron devenait empereur ; si Britannicus succédait à Claude,
le prince n'avait rien à craindre. Mais les intrigues d'une
marâtre bouleversaient tout le palais, et il y aurait plus de
honte à se taire que s'il avait passé sous silence l'impudicité
de la précédente épouse. D'ailleurs l'impudicité non plus
ne faisait pas maintenant défaut à celle qui avait Pallas
pour amant et qui mettait hors de doute que la décence,
l'honneur, son corps, tout avait pour elle moins de valeur
que le pouvoir. En tenant ces propos et d'autres semblables,
il embrassait Britannicus, il priait les dieux de hâter le

plus possible pour lui la force de l'âge, il tendait les mains
tantôt vers eux, tantôt vers le jeune homme : qu'il grandît,
qu'il chassât les ennemis de son père, qu'il punît même les
meurtriers de sa mère.

Tacite, *Annales,* 12, 65

*Telle est l'atmosphère qui règne au palais en ce temps-là... En
matière de crimes et conspirations en tous genres, le jeune Néron en a
déjà beaucoup vu et entendu. Mais il n'imagine sans doute pas que
sa mère, profitant de l'absence de Narcisse, malade, prépare déjà le
forfait majeur qui décidera de tout : l'assassinat de Claude.*

Alors Agrippine, décidée au crime depuis longtemps,
prompte à saisir l'occasion et ne manquant pas d'agents,
délibéra sur la nature du poison : à l'effet soudain et précipité,
il trahirait le crime ; si elle choisissait une substance lente
et consomptive, Claude, approchant de l'heure suprême,
pourrait deviner le complot et revenir à l'amour de son fils.
Il lui fallait une drogue raffinée, qui troublât la raison et
différât la mort. On choisit une femme habile à ces pratiques,
nommée Locuste, qui avait été condamnée récemment
pour empoisonnement et fut rangée longtemps parmi les
instruments du règne. Cette femme imagina et prépara un
poison qui fut administré par un des eunuques, Halotus,
chargé de servir les mets et de les goûter.

Tacite, *Annales*, 12, 66

Et tous les détails du crime devinrent bientôt si notoires
que les historiens de cette époque ont relaté que le poison
fut injecté dans un cèpe succulent et que l'effet de la drogue
ne fut pas aussitôt perçu, étant donné la torpeur habituelle
ou l'ivresse de Claude.

Aussi Agrippine, épouvantée, sachant qu'elle avait tout à
craindre, décida-t-elle de braver la réprobation des assistants
et de recourir au médecin Xénophon, dont elle s'était assuré

d'avance la complicité. Lui, sous prétexte d'aider les efforts de Claude pour vomir, lui enfonça, croit-on, dans la gorge une plume enduite d'un poison rapide, n'ignorant pas que, s'il y a danger à commencer les plus grands crimes, il y a profit à les consommer.

Tacite, Annales, 12, 67

Pour garantir le succès de son crime, Agrippine fait en sorte de retarder l'annonce de la mort de l'empereur.

Cependant on convoquait le Sénat. Les consuls et les prêtres formulaient des vœux pour la santé du prince, tandis que, déjà sans vie, on le couvrait de couvertures et d'enveloppements, le temps de prendre les dispositions nécessaires pour assurer l'empire à Néron.

Tout d'abord, Agrippine, feignant d'être vaincue par la douleur et de chercher des consolations, va serrer Britannicus dans ses bras, l'appeler la vivante image de son père et déployer maints artifices pour l'empêcher de sortir de sa chambre. Elle retint aussi ses sœurs, Antonia et Octavie ; des gardes avaient fermé sur son ordre toutes les issues ; et elle publiait à tout moment que la santé du prince s'améliorait, afin de donner bon espoir aux soldats et d'attendre le moment favorable annoncé par les Chaldéens[7].

Tacite, Annales, 12, 68

Enfin, en ce 13 octobre 54...

Alors, à midi, le troisième jour avant les ides d'octobre, les portes du palais s'ouvrent tout à coup, et Néron, accompagné de Burrus[8], s'avance vers la cohorte qui, selon l'usage militaire, monte la garde. Là, sur l'exhortation du préfet, il est accueilli par des cris d'allégresse et placé dans une litière.

---

7. Les astrologues.
8. Le préfet du prétoire.

Quelques soldats hésitèrent, dit-on, regardant derrière eux et demandant à maintes reprises où était Britannicus. Puis, en l'absence de toute initiative contraire, ils suivirent l'impulsion qu'on leur donnait. Porté au camp[9], Néron tint d'abord des propos adaptés aux circonstances[10] et promit ensuite une gratification égale aux largesses de son père. Il est alors salué empereur d'un cri unanime.

Tacite, *Annales*, 12, 69, 1-2

Le Sénat ayant entériné le suffrage des prétoriens, le nouveau prince, âgé d'à peine 17 ans, se rend à la Curie et prononce de fortes paroles réhabilitant les pouvoirs de l'assemblée.

Quoi qu'il en soit, une fois accomplis les faux-semblants de la tristesse, il entra dans la Curie et, après avoir évoqué la décision des sénateurs et l'unanimité des soldats, il rappela que les conseils et les exemples ne lui manquaient pas pour exercer brillamment le pouvoir et que sa jeunesse n'avait pas trempé dans la guerre civile ou les dissensions domestiques. Il n'apportait ni haines ni rancunes ou désir de vengeance.

Puis il traça les grandes lignes de son futur principat, écartant surtout les abus dont l'odieux souvenir restait brûlant : il ne se ferait pas le juge de toutes les affaires, enfermant à l'intérieur de sa seule demeure accusateurs et inculpés pour faire progresser la puissance de quelques hommes. Rien dans ses pénates ne serait vénal ou accessible à la brigue. Sa maison serait distincte de l'État. Le Sénat devait conserver ses antiques fonctions. L'Italie et les provinces du peuple romain s'adresser à la juridiction des consuls. Ceux-ci donner accès auprès des sénateurs. Lui-même, ayant la charge des armées, y consacrerait tous ses soins.

Tacite, *Annales*, 13, 4

9. Le camp des cohortes prétoriennes.
10. Probablement préparés par Sénèque.

Les honneurs divins sont décernés à Claude, et ses funérailles célébrées avec le même cérémonial que celles du divin Auguste, car Agrippine voulait égaler la magnificence de sa bisaïeule Livie. Cependant le testament ne fut pas lu en public, pour éviter que la préférence donnée sur un fils à un beau-fils ne parût injuste et odieuse à l'esprit de la foule et ne provoquât des troubles.

Tacite, *Annales*, 12, 69, 3

Néron fait étalage de piété filiale à l'égard de Claude.

Le jour des funérailles, son éloge fut prononcé par le prince : tant qu'il passait en revue l'ancienneté de sa race, les consulats et les triomphes de ses ancêtres, il resta sérieux, ainsi que l'auditoire. Le rappel de ses connaissances littéraires et du fait que sous son règne l'État n'avait subi aucun échec au-dehors fut écouté aussi avec bienveillance.

Mais, quand il en vint à sa prévoyance et à sa sagesse, personne ne put s'empêcher de rire, bien que le discours, composé par Sénèque, témoignât d'une grande élégance, conforme au talent de cet homme qui avait un esprit agréable et adapté au goût du temps. Les gens âgés, qui ont loisir de comparer le passé et le présent, remarquaient que Néron était le premier parmi les détenteurs du pouvoir qui eût besoin de recourir au talent d'autrui.

En effet, le dictateur César[11] rivalisait avec les plus grands orateurs. Auguste aussi avait une éloquence facile et abondante, digne d'un prince. Tibère était en outre habile dans l'art de peser les mots, capable aussi bien de pensées vigoureuses que d'expressions à dessein ambiguës. Chez Caius César[12] lui-même, le trouble de l'esprit n'altéra pas la vivacité

---

11. Jules César.
12. Caligula.

de la parole. Et Claude, chaque fois qu'il avait préparé ses discours, ne manquait pas non plus de distinction.

Tacite, *Annales*, 13, 3, 1-2

Peu après, Sénèque compose son Apocoloquintose du divin Claude, *ou* Apothéose d'une citrouille, *parodie qui tourne en dérision la divinisation de l'empereur défunt. Mais, par-delà la satire, il s'agit d'une opération de communication politique qui vise à présenter Néron comme seul capable d'ouvrir de nouvelles perspectives pour l'empire. Dans un passage en vers, Apollon-Phébus, lui-même, chante les louanges de Néron !*

N'en retranchez rien, Parques !
Leur dit Phébus. Qu'il passe la durée d'une vie mortelle,
Ce prince qui me ressemble de visage, qui me ressemble par la beauté,
Qui n'est au-dessous de moi ni par sa voix ni par ses chants !
Aux hommes épuisés
Il rendra des siècles fortunés et mettra fin au silence des lois.
Tel Lucifer chassant les astres qui s'évanouissent à son approche,
Ou tel surgit Hesperus à l'heure où reparaissent les astres.
Tel, sitôt que la rougeoyante Aurore, dissipant les ténèbres,
A ramené le jour, le Soleil radieux contemple
L'univers et commence à pousser son char hors des barrières :
Tel apparaît César, tel Rome va contempler
Néron. Son visage brillant d'un doux éclat
Flamboie, ainsi que son beau col sous ses cheveux flottants.

Sénèque, *Apocoloquintose*, 4, 1

LA MEILLEURE DES MÈRES

54-55

Le règne de Néron commence sous les meilleurs auspices, tant le jeune empereur paraît juste et mesuré en toutes choses.

Pour mieux prouver encore ses bonnes dispositions, il déclara qu'il gouvernerait suivant les principes d'Auguste et ne laissa passer aucune occasion de manifester sa générosité et sa clémence, voire son amabilité. [...] Il fit distribuer au peuple quatre cents sesterces par tête, puis décida que tous les sénateurs issus de très nobles familles, mais ruinés, auraient des appointements annuels, s'élevant pour certains à cinq cent mille sesterces, et les cohortes prétoriennes, une distribution gratuite de blé tous les mois.

Un jour qu'on le priait de signer, selon l'usage, un arrêt de mort, il dit :

– Comme je voudrais ne pas savoir écrire !

Il salua souvent des gens de tous les ordres par leur nom et de mémoire. Au Sénat qui le remerciait il répondit :

– Attendez que je l'aie mérité.

Suétone, *Néron*, 10, 1-4

Pour l'heure, Agrippine garde la haute main sur les affaires publiques et privées. Elle veut que son nom soit associé à l'empire et saisit toutes les occasions de s'afficher au côté de Néron. On grave des monnaies réunissant les effigies de la mère et du fils. Néron laisse faire, sans pour autant négliger ses devoirs de prince.

Il ne manqua pas à sa parole, et beaucoup de questions furent réglées selon la volonté du Sénat : défense à quiconque de se faire verser, pour plaider, un salaire ou des cadeaux, dispense aux questeurs de donner obligatoirement des jeux de gladiateurs[1]. Cette dernière décision, à laquelle s'opposait Agrippine, sous prétexte que les actes de Claude en seraient abolis, fut acquise par les sénateurs – qui étaient convoqués au palais afin qu'elle pût assister aux séances, grâce à une porte ménagée par-derrière, séparée par une tenture qui la dérobait à la vue sans l'empêcher d'entendre.

Tacite, *Annales*, 13, 5, 1

Quant à ce qui est d'Agrippine, entretenant des relations criminelles avec le fier et orgueilleux Pallas, elle s'acquittait, au commencement, pour Néron, de tous les devoirs du gouvernement. Ils sortaient ensemble, souvent dans la même litière ; la plupart du temps, même, Agrippine était seule portée et Néron marchait à côté d'elle. Elle donnait audience aux ambassadeurs, et elle écrivait aux peuples, à leurs magistrats et à leurs rois.

Cet état de choses, qui se prolongeait depuis longtemps, indisposa Sénèque et Burrus, les deux hommes les plus habiles et aussi les plus puissants parmi ceux qui entouraient Néron ; et ils profitèrent de l'occasion que je vais dire pour y mettre fin. Des ambassadeurs arméniens étant venus à Rome, Agrippine voulut monter aussi sur la tribune d'où Néron s'entretenait avec eux. Sénèque et Burrus, en la voyant s'approcher, persuadèrent le jeune prince de prévenir sa mère, en descendant et en allant au-devant d'elle, comme pour la recevoir. Cela fait, ils ne retournèrent pas, pour le moment, sur la tribune, trouvant un prétexte pour ne pas montrer aux barbares la maladie du gouvernement.

Dion Cassius, *Histoire romaine*, 61, 3

1. Comme sous le règne de Claude. Les questeurs nouvellement nommés devaient donner des jeux à leurs frais.

Ainsi, Néron navigue sous des vents contraires : d'un côté, la modération de Sénèque, de l'autre la brutalité de sa mère. Car celle-ci a toujours la main aussi lourde.

La première mise à mort sous le nouveau principat, celle de Julius Silanus, proconsul d'Asie, est préparée à l'insu de Néron par une machination d'Agrippine, non qu'il ait provoqué sa perte par la violence de son caractère, étant indolent et tenu sous les autres règnes en un tel dédain que C. César[2] avait coutume de l'appeler le « mouton d'or », mais Agrippine, qui avait tramé le meurtre de son frère, L. Silanus[3], craignait un vengeur, tandis que la voix publique proclamait qu'il fallait préférer à Néron, à peine sorti de l'enfance et parvenu à l'empire par un crime, un homme d'âge mur, irréprochable, noble et, ce qui était alors digne de considération, descendant des Césars, car Silanus aussi avait pour trisaïeul le divin Auguste. Telle fut la cause du meurtre.

Il eut pour exécutants le chevalier romain P. Celer et l'affranchi Helius, préposés au patrimoine du prince en Asie. Ils empoisonnèrent le proconsul au milieu d'un festin, trop ouvertement pour donner le change. On n'agit pas avec moins de précipitation à l'égard de Narcisse, affranchi de Claude, dont j'ai rapporté les invectives contre Agrippine : une étroite surveillance et une contrainte rigoureuse le poussent à la mort, en dépit du prince, dont les vices encore cachés trouvaient dans son avidité et sa prodigalité un merveilleux concours.

Tacite, *Annales*, 13, 1

Et l'on allait droit aux meurtres si Afranius Burrus et Annaeus Sénèque ne s'y étaient opposés. Ces hommes qui dirigeaient la jeunesse de l'empereur avec un accord exceptionnel dans le partage du pouvoir exerçaient par

2. Caligula.
3. En 48-49, à l'époque de son mariage avec Claude.

des moyens différents une égale influence, Burrus par ses talents militaires et l'austérité de ses mœurs, Sénèque par ses leçons d'éloquence et son aménité de bon aloi, se prêtant un mutuel appui, pour retenir plus facilement la jeunesse trébuchante du prince, s'il repoussait la vertu, au moyen de plaisirs permis. Ils menaient tous deux le même combat contre la violence d'Agrippine qui, brûlant de toutes les passions d'une domination malfaisante, avait dans son parti Pallas, instigateur du mariage incestueux et de l'adoption funeste par lesquels Claude s'était perdu lui-même. Mais Néron n'était pas d'un caractère à plier sous des esclaves, et Pallas, qui par son arrogance morose dépassait la condition d'affranchi, s'était rendu odieux. Ouvertement, néanmoins, on accumulait sur elle tous les honneurs, et un tribun, venu demander le mot d'ordre selon l'usage militaire, reçut de Néron celui-ci : « La meilleure des mères ».

Tacite, *Annales*, 13, 2

Les affaires du vaste Empire ne laissent guère de répit. En cette fin d'année 54, on annonce une nouvelle attaque des Parthes contre le royaume d'Arménie. Placée sous protectorat par Auguste, l'Arménie était considérée depuis lors comme une zone devant rester sous contrôle afin d'endiguer les ambitions de l'Empire parthe, toujours prompt à profiter des faiblesses de Rome. Mais les luttes d'influence et les coups de force n'ont guère cessé et, cette fois, le roi parthe Vologèse 1ᵉʳ, ayant chassé Radamiste inféodé aux Romains, vient d'installer son frère Tiridate sur le trône d'Arménie. Pour Néron, c'est l'épreuve du feu.

Aussi, dans la Ville, avide d'entretiens, se demandait-on comment un prince qui avait à peine dépassé dix-sept ans pourrait soutenir un tel fardeau ou l'écarter, quel secours attendre d'un enfant gouverné par une femme, si les combats aussi, les prises d'assaut des villes et autres opérations de guerre pourraient être menés par des précepteurs. Au contraire, d'autres estiment la situation meilleure que si Claude, affaibli par la vieillesse et la nonchalance, était appelé aux épreuves de la campagne, prêt à obéir aux ordres d'esclaves[4]. Burrus, après tout, et Sénèque avaient donné maintes preuves de leur expérience. Et que manquait-il à l'empereur pour avoir toute sa force, alors que Cn. Pompée à dix-huit ans, César Octavien à dix-neuf, ont soutenu le poids des guerres civiles[5] ? Dans la plupart des cas, au rang suprême, les auspices et la réflexion font plus que les armes et les bras. Il montrera clairement s'il prend pour amis des hommes vertueux ou non en choisissant, à l'écart de l'envie, un chef éminent plutôt que, par l'effet de la brigue, un personnage opulent soutenu par son crédit.

Tacite, Annales, 13, 6, 2-4

Néron réagit avec fermeté.

Tandis que ces propos et d'autres semblables se tiennent, dans la foule, Néron fait venir des jeunes gens recrutés dans les provinces voisines pour compléter les légions d'Orient et prescrit de poster les légions elles-mêmes plus près de l'Arménie, et il enjoint aux deux anciens rois Agrippa et Antiochus de tenir des troupes prêtes à prendre l'offensive sur le territoire des Parthes. En même temps, il fait jeter des ponts sur l'Euphrate. Et il confie la Petite Arménie à Aristobule, la région de Sophène à Sohaemus avec les insignes de la royauté. Enfin, contre Vologèse se dressa opportunément un rival, un fils de Vardanès. Et les Parthes se retirèrent de l'Arménie, comme s'ils différaient la guerre.

Tacite, Annales, 13, 7

---

4. Terme méprisant pour désigner les affranchis.

5. Les deux dernières guerres civiles de la République romaine : Jules César contre Pompée en 49 av. J.-C. ; Octave contre Marc-Antoine et Cléopâtre en 31 av. J.-C.

En effet, ce n'est que partie remise… Pour conduire les opérations,
Néron a nommé Domitius Corbulon commandant suprême en Orient,
un soldat respecté pour ses campagnes en Germanie. Dans les mois
d'inactivité qui suivent, les Romains tenteront de gérer la situation
par la diplomatie, mais au bout du compte ce sera la guerre. En
attendant, et bien que la question arménienne reste entière, Néron
engrange un premier succès que Tacite juge bien excessif.

Mais au Sénat tous ces événements furent exagérés
dans les interventions de ceux qui proposèrent de voter des
supplications et de décerner au prince pendant les jours de
supplications le vêtement triomphal, qu'il entrât dans la Ville
avec les honneurs de l'ovation[6] et qu'une statue aussi grande
que celle de Mars Ultor lui fût érigée dans le temple de ce
dieu. À l'esprit habituel d'adulation s'ajoutaient la joie de
voir Domitius Corbulon préposé au maintien de l'Arménie
et l'impression que la carrière était ouverte aux vertus.

Tacite, *Annales*, 13, 8, 1

Semblable aux premiers Romains, Corbulon était
remarquable non seulement par l'illustration de sa race, par
la vigueur de son corps et par la sagesse de son esprit, mais il
avait de plus une grande justice et une grande fidélité envers
tous, tant envers les siens qu'envers les ennemis. Ce fut ce
motif qui décida Néron à l'envoyer à la guerre en sa place et
à lui confier une armée telle qu'il n'en confiait à personne,
convaincu que Corbulon soumettrait les barbares et ne se
soulèverait pas contre lui. Il ne fut trompé ni dans l'une ni dans
l'autre de ces deux suppositions. Corbulon n'affligea les autres
Romains que sur un seul point : en restant fidèle à Néron, car
ils désiraient tellement l'avoir pour empereur au lieu de ce
prince que c'était là le seul tort qu'on lui reprochât.

Dion Cassius, *Histoire romaine*, 62, 19

6. Cérémonie solennelle, inférieure au triomphe.

Néron partage son premier consulat en 55. Il en exercera quatre.

Sous le consulat de Claudius Néron et de L. Antistius, comme les magistrats juraient sur les actes des princes[7], Néron empêcha son collègue Antistius de jurer sur ses actes, ce qui lui valut de vifs éloges des sénateurs, désireux de pousser cette âme juvénile, exaltée par la gloire qui s'attachait même aux petites choses, à en réaliser de plus grandes par la suite. Et il poursuivit par un geste d'indulgence envers Plautus Lateranus, qui avait été chassé de l'ordre sénatorial pour adultère avec Messaline : il le rendit au Sénat, en s'engageant à pratiquer la clémence dans de fréquents discours, que Sénèque, afin d'attester la sagesse de ses préceptes ou pour faire briller son esprit, répandait par la bouche du prince.

Tacite, *Annales*, 13, 11

Mais un autre Néron perce bientôt sous la toge du prince éclairé. Le jeune homme se montre plus tenté par l'oisiveté et les plaisirs que par le pouvoir. L'affection que lui portent ses précepteurs les force à l'indulgence.

Quant à Néron, ils le laissaient s'abandonner aux voluptés, dans la pensée que l'assouvissement de ses désirs, qui ne causait pas grand dommage à l'État, amènerait en lui un changement ; comme s'ils n'eussent pas su qu'un esprit jeune et abandonné à lui-même, élevé dans une mollesse que personne ne lui reproche et dans une indépendance absolue, loin de se rassasier des plaisirs, ne fait que se corrompre en s'y livrant. C'est ainsi que, dans les premiers temps, Néron s'adonna naïvement aux festins, au vin et aux femmes. Puis, comme personne ne le reprenait et que les affaires publiques, malgré cela, n'étaient pas plus mal administrées, il crut

---

7. Serment de fidélité prêté à l'empereur.

que sa conduite était juste et qu'il pouvait s'y abandonner davantage.

À partir de ce moment, il commença à se livrer à chacune de ces passions plus ouvertement et avec moins de retenue. Et, quand ses ministres lui adressaient des conseils, ou sa mère des remontrances, il les écoutait respectueusement, tandis qu'ils étaient présents, et promettait de se corriger ; mais, une fois qu'ils étaient partis, il était maîtrisé par ses désirs et suivait les avis de ceux qui, dans un sens contraire, l'attiraient sur une pente rapide. Ensuite, d'une part par le mépris à force d'entendre continuellement ses compagnons lui répéter : « Tu les souffres ? Tu les crains ? Ne sais-tu pas que tu es César et que tu as puissance sur eux, tandis qu'ils ne l'ont pas sur toi ? », d'autre part aussi par la rivalité de pouvoir avec sa mère, à qui il ne voulait pas être inférieur, et envers Sénèque et Burrus, à qui il ne voulait pas le céder en lumières, il finit par renoncer à toute pudeur, et, bouleversant, foulant aux pieds leurs préceptes, il marcha sur les traces de Caius.

Dion Cassius, *Histoire romaine*, 61, 4

À partir de 55, Néron commence à ne plus supporter l'influence de sa mère sur les affaires de Rome. Sénèque est parvenu à convaincre l'empereur que la soif de pouvoir et la cruauté d'Agrippine – qui ne cesse de réclamer l'exécution de ses adversaires – nuisent à son jeune règne. La passion subite de Néron pour une domestique d'origine syrienne va précipiter la disgrâce d'Agrippine.

Cependant la puissance de sa mère fut sapée peu à peu, quand Néron fut tombé amoureux d'une affranchie nommée Actè et qu'il eut pris en même temps pour confidents Othon et Claudius Senecio, tous deux jeunes et beaux, dont l'un, Othon, appartenait à une famille consulaire, et l'autre, Senecio, avait pour père un affranchi impérial. À l'insu de sa mère, puis malgré les efforts vains de celle-ci, Actè s'était profondément insinuée dans son cœur en flattant son goût de la luxure et des mystères équivoques, sans rencontrer d'opposition même chez les amis plus âgés du prince, selon lesquels une femme de rien ne faisait de mal à personne en comblant les désirs du prince, puisque son épouse Octavie, appartenant à la noblesse et d'une vertu éprouvée, par une sorte de fatalité ou par l'attrait plus puissant des plaisirs illicites, ne lui inspirait que de l'aversion, et cela faisait craindre qu'il ne jetât le déshonneur dans les familles illustres, si ce caprice était contrarié.

Tacite, Annales, 13, 12, 1-2

Lorsque Néron laisse entendre qu'il pourrait épouser Actè et répudier Octavie, Agrippine s'affole et l'accable de reproches. Puis cette manipulatrice impénitente essaie de reprendre le dessus, entraînant son fils dans un jeu trouble dont elle est coutumière.

Alors Agrippine, changeant de tactique, cherche à prendre son fils par des cajoleries, en lui offrant plutôt sa chambre et son intimité pour abriter des plaisirs que, disait-elle, le jeune âge et le rang suprême exigeaient. Elle allait même jusqu'à s'accuser d'une sévérité intempestive et jusqu'à lui livrer les abondantes ressources de sa fortune, qui ne le cédaient guère à celle de l'empereur, passant de l'excès antérieur dans la contrainte exercée sur son fils à l'exagération inverse de son propre abaissement.

Ce revirement ne trompa pas Néron, et il inquiétait ses plus proches amis, qui le conjuraient de prendre garde aux pièges d'une femme, toujours implacable et alors, en plus, hypocrite. Il arriva que, ces jours-là, César fit l'inventaire des ornements dont les épouses et les mères des empereurs s'étaient parées : il choisit une robe et des pierreries qu'il envoya en cadeau à sa mère, sans lésiner, lui offrant spontanément les objets les plus beaux que d'autres avaient convoités. Mais Agrippine s'écrie que c'était moins pour l'enrichir de nouveaux atours que pour la priver du reste et que son fils partageait ce qu'il tenait d'elle en totalité.

Tacite, *Annales*, 13, 13, 2-4

Irrité par ces propos acerbes, complaisamment rapportés, Néron décide de mettre un terme à la tentative de réconciliation. Pour priver sa mère des instruments du pouvoir, il destitue l'affranchi Pallas, l'homme lige d'Agrippine, de son rôle d'intendant des finances et le chasse avec tous ses partisans.

Alors on voit Agrippine se lancer, tête baissée, dans la terreur et les menaces, et, sans épargner les oreilles du prince, attester que Britannicus est maintenant un adulte, le vrai, le digne rejeton de Claude, capable de prendre en mains le pouvoir de son père qu'un intrus, un adopté exerçait en outrageant sa mère. Elle ne refuse pas que soient mis au grand jour tous les malheurs d'une maison infortunée, à commencer par son propre mariage et l'empoisonnement de son époux. La seule précaution prise par les dieux et par elle-même a été de laisser en vie son beau-fils.

Tacite, *Annales*, 13, 14, 2-3

Et voici qu'Agrippine, arguant de sa filiation avec le très populaire Germanicus, se dit prête à aller demander le soutien des prétoriens pour présenter Britannicus à leur suffrage.

Sous le choc de ces menaces et à l'approche du jour où Britannicus allait achever sa quatorzième année, Néron se met à considérer en lui-même tantôt la violence de sa mère, tantôt le caractère du jeune homme, que venait de révéler un indice, léger sans doute, mais suffisant pour lui avoir attiré une large sympathie.

Pendant les Saturnales[8], parmi d'autres divertissements de leur âge, les jeunes gens jouaient à tirer au sort la royauté[9], et celle-ci était échue à Néron. En conséquence, après avoir imposé aux autres diverses prescriptions qui ne pouvaient les faire rougir, quand il donna l'ordre à Britannicus de se lever, de s'avancer au milieu et d'entonner quelque chanson, espérant par là faire rire aux dépens d'un enfant, étranger même aux sobres banquets et, plus encore, aux beuveries, l'autre entama résolument un poème d'où il ressortait qu'il avait été précipité du trône paternel et du rang suprême. Cela fit naître une commisération d'autant plus sensible que la nuit et la licence avaient banni la dissimulation.

Tacite, *Annales*, 13, 15, 1-2

Néron prépare alors l'élimination de Britannicus, sans même en parler à Sénèque, qui l'aurait désapprouvé au nom des vertus qu'il proclame. Et l'on voit réapparaître la sinistre Locuste.

Jaloux de Britannicus, qui avait une voix plus agréable que la sienne, et craignant d'autre part qu'il ne le supplantât un jour dans la faveur du peuple, grâce au souvenir de son père, il le fit empoisonner. Le poison fut donné par une certaine Locuste qui en avait découvert de toutes sortes, mais, comme il agissait plus lentement qu'il ne l'attendait, provoquant chez Britannicus une simple diarrhée, il fit venir cette femme et la frappa de ses propres mains en lui reprochant de lui avoir donné une médecine au lieu d'un poison. Comme Locuste alléguait qu'elle lui en avait remis une trop faible dose afin de dissimuler un crime si odieux, il dit :

– Bien sûr, j'ai peur de la loi Julia[10] !

8. Fêtes célébrées en décembre.

9. Jeu de cartes où le *rex* indique le nombre des coupes et fixe les gages.

10. La loi Julia promulguée par Jules César réprimait notamment les meurtres par empoisonnement.

Et il la contraignit à faire cuire sous ses yeux, dans sa chambre, un poison aussi prompt que possible et même foudroyant. Ensuite, il l'essaya sur un chevreau, mais, comme cet animal avait encore vécu cinq heures, il le fit recuire plusieurs fois et présenter à un jeune porc. Celui-ci étant mort sur-le-champ, il ordonna de porter le poison dans la salle à manger et de le faire boire à Britannicus qui dînait avec lui.

Suétone, *Néron*, 33, 3-5

C'était l'usage pour les fils de princes de manger assis avec les autres nobles de leur âge, sous les yeux de leurs proches, à une table spéciale et plus frugale. Britannicus y prenant ses repas, comme ses mets et ses boissons étaient goûtés par un serviteur de confiance, pour ne pas manquer à cet usage ni rendre le crime patent par deux morts à la fois, voici la ruse qu'on imagina. Un breuvage encore inoffensif mais brûlant, goûté au préalable, est servi à Britannicus. Puis, comme il le repoussait à cause de la chaleur, on y verse, mêlé à l'eau froide, le poison, qui se répandit dans tous ses membres avec une telle rapidité que la parole et le souffle lui furent en même temps ravis.

Le trouble s'empare de ses voisins. Les imprudents s'enfuient. Mais ceux qui ont une intelligence plus pénétrante demeurent à leur place, immobiles et les yeux fixés sur Néron. Celui-ci, restant couché et ayant l'air de ne rien savoir, dit que c'était une manifestation ordinaire de l'épilepsie dont Britannicus était atteint depuis sa première enfance et qu'il recouvrerait peu à peu la vue et le sentiment. Mais Agrippine laissa éclater une telle frayeur, un tel désarroi, malgré ses efforts pour en réprimer l'expression, qu'elle apparut manifestement aussi étrangère au crime qu'Octavie, la sœur de Britannicus, et en effet elle comprenait que cette mort lui arrachait son suprême appui et servirait d'exemple au parricide[11]. Octavie aussi, malgré l'inexpérience de l'âge, avait appris à cacher la douleur, l'affection, tous les sentiments. Ainsi, après un bref moment de silence, le festin reprit sa gaieté.

Tacite, *Annales*, 13, 16

Britannicus est enterré à la hâte, en ce mois de février 55, sans panégyrique ni cortège. Alors, comme pour faire oublier son forfait, Néron comble de largesses ses proches et ses amis puissants. Agrippine ne désarme pas pour autant.

Mais le courroux de sa mère ne se laisse apaiser par aucune libéralité. Elle serre Octavie dans ses bras, elle multiplie les entretiens secrets avec ses amis, ajoutant à sa cupidité naturelle le souci de ramasser de l'argent de tous côtés, comme pour s'assurer un fonds de soutien. Elle réserve aux tribuns et aux centurions un accueil aimable, elle tient en grand honneur les noms et les vertus des familles nobles qui subsistaient encore, comme si elle cherchait un chef et un parti.

Tacite, *Annales*, 13, 18, 2

Excédé de voir sa mère exercer rigoureusement son contrôle et sa critique sur ses paroles, Néron se borna d'abord à lui faire craindre, plusieurs fois, de l'accabler sous la haine publique, en feignant de vouloir abdiquer l'empire et s'en aller à Rhodes. Ensuite, il la priva de tout honneur et de tout pouvoir, lui enleva sa garde de soldats et de Germains, la bannit enfin de sa présence et du palais.

Suétone, *Néron*, 34, 1

---

11. Tacite suggère ici l'intuition d'Agrippine du prochain crime de Néron qui la menace.

Il ne permit pas qu'elle eût à côté d'elle un seul soldat, disant que nul, excepté l'empereur, ne devait être gardé par eux. C'était montrer au jour son inimitié contre elle. Ce qu'ils disaient et ce qu'ils faisaient, pour ainsi dire chaque jour, l'un contre l'autre se répandait hors du palais, sans néanmoins que tout arrivât jusqu'au public ; mais on se le figurait et on se le racontait, l'un d'une façon, l'autre d'une autre.

Car leur perversité et leurs débordements accréditaient comme réellement arrivées les choses qui pouvaient être vraisemblablement arrivées et faisaient croire vraies les paroles qu'une rumeur probable les accusait d'avoir dites. Quand alors, pour la première fois, on vit Agrippine sans escorte, la plupart se gardèrent de se trouver à sa rencontre, même par hasard, ou, si on y était amené, on s'éloignait au plus vite, sans rien dire.

Dion Cassius, *Histoire romaine*, 61, 8

Désormais, ne négligeant rien pour la tourmenter, il soudoya des gens qui lui suscitaient des procès quand elle séjournait à Rome, et, si elle cherchait le repos dans la retraite, l'y poursuivaient encore de leurs railleries et de leurs injures, en passant devant sa maison par terre ou par mer. Mais, terrifié par ses menaces et par ses emportements, il résolut de la faire périr. Par trois fois il essaya de l'empoisonner, mais, voyant qu'elle s'était munie d'antidotes, il fit agencer les lambris de son plafond de telle manière que le jeu d'un mécanisme devait les faire tomber sur elle pendant son sommeil.

Suétone, *Néron*, 34, 1-2

Agrippine est méfiante, et son clan la protège contre toutes ces tentatives plus ou moins éventées. Peu de temps après, elle est accusée de vouloir fomenter une nouvelle révolution en plaçant à la tête de l'État Rubellius Plautus, qui descendait aussi du divin Auguste au même degré que Néron. L'empereur « prolonge la nuit dans l'ivresse[12] » *lorsqu'un dénonciateur vient l'informer du projet de sa mère.*

Néron, affolé et impatient de tuer sa mère, ne consentit à différer que quand Burrus lui promit qu'elle mourrait si elle était convaincue du forfait ; mais n'importe qui et surtout une mère devait recevoir le droit de se défendre. En outre, il n'y avait pas d'accusateurs présents ; les propos d'un seul homme, venant d'une maison ennemie, étaient rapportés. Qu'il tînt compte des ténèbres, d'une nuit consacrée au festin et de tout ce qui favorisait l'imprudence et l'erreur.

Tacite, *Annales*, 13, 20, 3

Sénèque et Burrus sont alors chargés d'instruire l'affaire. Ils se rendent à l'aube chez Agrippine. Elle se défend, proteste de sa bonne foi et obtient la punition de ses accusateurs. Quelques mois plus tard, l'incorrigible reine mère sera à nouveau impliquée dans un complot animé à distance, dit-on, par Pallas. Elle se disculpe encore une fois, mais pour Néron la cause est entendue. Ce n'est plus qu'une question de temps.

12. Tacite, *Annales*, 13, 20, 1

LE RÊVE DE SÉNÈQUE

56-58

Est-ce le goût amer des événements des mois précédents qui pousse Sénèque, en 56, à publier son Discours sur la clémence ? *Il se désole de voir perdurer le temps des crimes et de la fureur. Mais les débuts politiques du jeune empereur ont été prometteurs, et Sénèque souhaite désormais le guider dans l'exercice du pouvoir. S'il connaît ses défauts, le philosophe veut croire néanmoins en l'heureuse nature de Néron. Et ce discours sur la clémence sonne comme une supplique.*

Ce qui m'a le plus fortement poussé à composer un écrit sur la clémence, Néron César, c'est une parole de toi : ce n'est pas sans admiration, je m'en souviens, et que je l'ai entendue, au moment où elle était prononcée, et que je l'ai ensuite rapportée à d'autres, parole généreuse, pleine de grandeur d'âme, d'une grande douceur, qui, nullement apprêtée ni émise pour les oreilles d'autrui, a surgi soudain et mis au jour le conflit entre ta bonté et ta haute fortune. En vue de punir deux brigands, ton préfet Burrus, homme éminent, fait pour un prince tel que toi, te pressait de formuler par écrit un arrêt contre eux et la raison pour laquelle tu voulais qu'on les sanctionnât. Cette mesure bien des fois différée, il insistait pour qu'elle fût enfin prise.

Comme, avec de la répugnance de sa part autant que de la tienne, il t'avait présenté le feuillet en te le remettant, tu t'es écrié : « Je voudrais ne pas savoir écrire ! » Ô parole que devraient entendre tous les peuples qui habitent l'Empire romain, tous ceux qui, à ses frontières, croupissent dans une indépendance mal assurée, tous ceux qui se dressent avec

leurs forces armées ou leurs dispositions audacieuses pour
se rebeller ! Ô parole à prononcer devant tous les hommes
assemblés, sur laquelle devraient jurer les princes et les
rois ! Ô parole digne d'un genre humain exempt de tout
mal, auquel serait rendu le bel âge antique ! Alors il eût
convenu, je l'affirme, d'aspirer ensemble au juste et au bien,
en bannissant la convoitise du bien d'autrui – d'où naît tout
mal de l'âme –, de faire renaître la piété et l'intégrité avec
la bonne foi et la modération, de voir des vices qui avaient
joui d'un règne de longue durée donner enfin la place à un
âge de bonheur et de pureté.

Cet âge s'accomplira dans une large mesure, César, je
me plais à l'espérer avec confiance. Cette douceur de ton
cœur se transmettra et se diffusera peu à peu dans tout
l'immense corps de l'Empire et tout se conformera à ta
ressemblance.

Sénèque, De la clémence, 2, 1 – 2, 1

*Par ce dithyrambe, Sénèque veut inspirer à son élève l'horreur de
la tyrannie, tant il est prouvé « qu'un règne cruel est plein de
troubles et obscurci par des ténèbres*[1] *». Pour gagner la paix
et l'amour du peuple, le prince doit maîtriser ses passions.*

Au roi doux et paisible ses gardes sont fidèles, puisqu'il
use d'eux pour le salut commun ; et le soldat, fier de voir
qu'il travaille pour la sécurité publique, supporte de bon
cœur toute peine, conscient d'être le gardien d'un père ;
mais celui qui est cruel et sanguinaire ne peut éviter que ses
propres satellites éprouvent pour lui de la répulsion [...].
Car voici ce que parmi tout le reste la cruauté a peut-être
de pire : l'obligation de persévérer sans aucune voie ouverte
pour un retour vers le mieux ; ce sont des crimes qui doivent

---

1. Sénèque, *De la clémence*, 1,7, 3.

être le rempart des crimes. Or est-il pire malheur que d'en arriver à être méchant par nécessité ? [...]

Au contraire, celui qui prend à cœur l'ensemble des affaires, tout en donnant à certaines plus d'attention, à d'autres moins, donne ses soins à toutes les parties de l'État comme s'il s'agissait de lui ; enclin à la douceur, même s'il est utile de sévir, montrant toute sa répugnance s'il met la main à un remède dur, dans le cœur duquel il n'y a rien d'hostile, rien de farouche, qui exerce sa puissance de façon calme et salutaire, désirant faire approuver par ses concitoyens l'exercice de sa souveraineté, s'estimant comblé de bonheur s'il a fait partager sa bonne fortune, d'une conversation affable, d'un abord et d'un accès faciles, d'un visage aimable qui gagne au plus haut degré les bonnes grâces des populations, enclin à la bienveillance pour les requêtes justifiées, sans dureté quand elles sont injustifiées, un tel homme est aimé, défendu, honoré par la cité tout entière. De lui on parle de la même manière en secret qu'à découvert, on désire élever des fils, et la stérilité, qu'imposaient les malheurs de l'État, cesse. Personne ne doute qu'il aura la reconnaissance de ses enfants, auxquels il a fait connaître un tel siècle. Ce souverain, en sécurité grâce à ses bienfaits, n'a nul besoin de gardes, il a des armes pour le décor.

Sénèque, *De la clémence*, 1, 13, 1-5

Sénèque n'imagine pas à cet instant à quel point son écrit est prémonitoire de la tragédie future.

La raison pour laquelle la férocité est peut-être le plus exécrable, c'est qu'elle dépasse d'abord les limites de l'ordinaire, puis les limites de l'humain, qu'elle se met en quête de nouveaux supplices, qu'elle fait appel au talent pour concevoir des instruments servant à varier et à prolonger la douleur, qu'elle se complaît au malheur des hommes. Alors pour le tyran la sinistre maladie de son âme parvient au degré ultime de la folie, lorsque sa cruauté s'est changée en volupté et qu'il prend désormais du plaisir à mettre à mort un homme. De manière naturelle, ruine, explosions de haine, poisons, glaives, marchent derrière un tel homme ; il est assailli par d'aussi nombreux périls que lui-même en fait courir à un grand nombre, il est traqué parfois par des conspirations d'individus, d'autres fois par un soulèvement de toute la communauté.

Sénèque, *De la clémence*, 1, 25, 2-3

Pour l'heure, les leçons du philosophe stoïcien portent leurs fruits. Dès les années 56-57, avide de popularité, et voulant apparaître comme un prince soucieux du bien-être de son peuple, Néron prend des initiatives d'ordre public.

Sous son principat furent édictés beaucoup de condamnations rigoureuses et de mesures répressives, mais non moins de règlements nouveaux : on imposa des bornes au luxe ; on réduisit les festins publics à des distributions de vivres. Il fut défendu de vendre dans les cabarets aucune denrée cuite, en dehors des légumes et des herbes potagères, alors qu'on y servait auparavant toutes sortes de mets. [...] On interdit les ébats des conducteurs de quadriges, qu'un antique usage autorisait à vagabonder dans toute la ville en trompant et volant les citoyens pour se divertir.

Suétone, *Néron*, 16, 3

En priorité, il s'agit de rétablir une administration plus juste : Néron interdit aux tribuns d'empiéter sur le pouvoir judiciaire des préteurs et des consuls, il permet aux citoyens condamnés à une amende de faire appel dans les quatre mois, il empêche les abus de pouvoir des édiles en fixant le taux des amendes que ceux-ci sont autorisés à infliger, il enlève aux questeurs la gestion des comptes publics pour la confier à des préfets à l'expérience éprouvée. Enfin, il

prête une oreille attentive aux plaintes qui remontent des provinces
contre les gouverneurs cupides ou trop cruels.

On condamna Vipsanius Laenas pour avoir commis
des exactions dans la province de Sardaigne. On acquitta
Cestius Proculus accusé de concussion par les Crétois. Clodius
Quirinalis, qui, préfet des rameurs stationnés à Ravenne, avait
traité l'Italie comme la dernière des nations en l'accablant
par sa débauche et sa cruauté, prit du poison pour prévenir
une condamnation. Caninius Rebilus, un des premiers de
l'État par sa connaissance des lois et l'importance de sa
fortune, échappa en s'ouvrant les veines aux tourments d'une
vieillesse maladive, alors qu'on ne lui croyait pas assez de
courage pour se donner la mort, car ses dérèglements lui
valaient une fâcheuse réputation d'efféminé.

Tacite, *Annales*, 13, 30

Un édit de César défendit à tout magistrat ou procurateur,
dans la province qu'il administrait, de donner un spectacle
de gladiateurs ou de fauves ou tout autre divertissement. De
fait, auparavant, de telles libéralités ne pesaient pas moins
que les rapines sur les sujets, car les abus du bon plaisir
s'abritaient derrière une recherche de popularité.

Tacite, *Annales*, 13, 31, 3

Il met un terme aux abus des faussaires qui pullulent à
Rome.

Contre les faussaires, on imagina cette précaution nouvelle
de ne cacheter les tablettes qu'après les avoir percées de
trous dans lesquels le fil passerait trois fois; on prescrivit
de présenter les deux premières tablettes des testaments
aux signataires alors qu'elles portaient uniquement les
noms des testateurs et l'on défendit à ceux qui rédigeaient
le testament d'autrui de s'y inscrire comme légataires. On

arrêta également que les plaideurs paieraient à leurs avocats des honoraires déterminés de façon équitable, mais qu'ils ne devraient absolument rien pour les bancs, fournis par le Trésor à titre gratuit ; enfin, dans l'administration de la justice, que les procès (intentés par le Trésor) seraient portés, non plus devant le fisc, mais au forum, devant les récupérateurs, et que tous les appels seraient déférés au Sénat.

Suétone, *Néron*, 17

Lorsqu'il préside les audiences lui-même, Néron instaure une justice moins expéditive.

Quand il rendait la justice, presque toujours il ne répondait aux demandeurs que le lendemain et par écrit. Dans les enquêtes impériales, il prit pour règle d'interdire les discours suivis et de faire présenter tour à tour par les deux parties chaque détail de la cause. Chaque fois qu'il se retirait pour délibérer, sur aucun point il ne consultait ses assesseurs tous ensemble ni ouvertement, mais, ayant lu en silence et tout seul les sentences écrites par chacun d'eux, il prononçait le jugement qui lui agréait, comme si la majorité décidait ainsi.

Suétone, *Néron*, 15, 1-3

On lui soumet le problème des sanctions à appliquer aux affranchis[2] lorsqu'ils trahissent ou malmènent leurs patrons. Un grand nombre de sénateurs sont favorables à la révocation de la

2. Les affranchis constituent une catégorie importante de la société romaine. En quittant la condition d'esclave, l'affranchi devient citoyen romain. Mais il n'a pas tous les droits de l'homme libre. Il existe néanmoins plusieurs degrés d'affranchissement, consacrés par des rituels publics ou privés. L'affranchi peut accéder à des fonctions sociales ou administratives – à l'exclusion des magistratures – en restant le client de son patron. Certains ont acquis de la puissance et se sont enrichis grâce aux activités financières, interdites à la classe

liberté pour les coupables. Néron doit trancher une question qui touche à un principe fondamental.

Devait-il prendre l'initiative d'une ordonnance ? Il en discuta en conseil restreint et trouva les avis partagés. Certains s'indignaient de voir l'insolence, affermie par la liberté, en arriver au point que désormais les affranchis traitaient à égalité avec leurs patrons, foulaient aux pieds leurs avis et levaient même la main sur eux pour les frapper, tout cela impunément ou en suggérant eux-mêmes leur propre châtiment [...]. Il fallait donner une arme qu'on ne pût braver. Et il en coûterait peu aux affranchis de conserver la liberté en observant la soumission qui la leur avait fait obtenir. Quant aux auteurs de crimes manifestes, ils méritaient d'être ramenés à la servitude. Ainsi seraient contraints par la peur ceux que les bienfaits n'auraient pas changés.

On soutenait à l'opposé que, si la faute de quelques-uns devait leur être personnellement funeste, il ne fallait en rien déroger au droit de tous, car la classe des affranchis était largement répandue : de là provenaient souvent les tribus[3], les décuries[4], les services des magistrats et des prêtres, les cohortes mêmes levées dans la Ville[5] ; la plupart des chevaliers et beaucoup de sénateurs n'avaient pas d'autre origine. Ce n'était pas en vain que nos ancêtres, tout en diversifiant la dignité des ordres[6], avaient fait de la liberté un bien commun. [...] Cet avis prévalut, et César écrivit au Sénat d'examiner cas par cas la cause des affranchis, chaque fois

---

sénatoriale. Les fils d'affranchis obtiennent la condition d'homme libre pleine et entière leur permettant d'accéder aux magistratures.

3. Les quatre secteurs de Rome permettant l'identification civile des citoyens.

4. Corporations d'employés subalternes.

5. Les sept cohortes de vigiles, les pompiers de Rome.

6. L'ordre sénatorial et l'ordre équestre.

qu'ils seraient accusés par les patrons, mais de ne déroger en rien à la règle commune.

Tacite, *Annales*, 13, 26, 2-3 – 27

Difficile d'être plus enthousiaste que le poète Calpurnius Siculus qui, dans un dialogue mythique entre deux bergers, Ornytus et Corydon, célèbre ces premières années de règne dans un style au lyrisme échevelé.

ORNYTUS. – L'âge d'or renaît avec la sécurité de la paix. Elle revient sur terre, Thémis[7] la bienfaisante, en rejetant enfin les haillons poussiéreux de son deuil, et des siècles de bonheur accompagnent le jeune homme qui a gagné sa cause pour ses aïeux maternels, les Jules. Aussi longtemps que, dieu lui-même, il gouvernera les peuples, l'impie Bellone[8] se laissera attacher les mains derrière le dos. Privée de ses traits, elle tournera ses dents furieuses contre ses propres entrailles et, ces guerres civiles que naguère elle a répandues dans le monde entier, elle les mènera contre elle-même. Jamais plus Rome ne pleurera de Philippes[9], jamais plus en captive elle ne mènera de triomphes. Toutes les guerres seront forcées de rester dans la prison du Tartare. Elles plongeront la tête dans les ténèbres et elles craindront la lumière.

Radieuse, la Paix sera là, et pas seulement celle dont le visage seul est radieux, comme on la vit souvent, et qui, libre d'une guerre déclarée, d'un ennemi vaincu au loin, n'en répand pas moins, tandis que les armes rôdent, la discorde

7. Déesse de la Justice, de la Loi et de l'Équité, fille du Ciel et de la Terre.

8. Déesse incarnant la férocité de la guerre.

9. Colonie romaine de Macédoine où se déroula une bataille meurtrière en 42 av. J.-C., lors de la guerre civile opposant Octave et Antoine aux républicains Brutus et Cassius, les assassins de Jules César.

publique, tout en dissimulant son fer. La Clémence a ordonné que s'éloignent toutes les tares d'une fausse paix et elle a brisé les épées démentes. Jamais plus le funèbre cortège du Sénat enchaîné ne lassera les mains des bourreaux, on ne verra plus, tandis que la prison déborde, la Curie infortunée compter ses rares sénateurs.

[...] Désormais, le consul n'achètera plus l'apparence d'une dignité, il ne recevra plus sans rien dire de vains faisceaux[10] et un tribunal illusoire ; mais avec les lois restaurées, tout le droit sera de retour, il rendra au forum son ancienne coutume et son ancien visage, et un dieu meilleur effacera le souvenir d'une époque d'affliction.

Capurnius Siculus, *Bucoliques*, 1, 42-76

Mais la réalité sera bientôt différente. À partir de la fin de 57, le climat politique se détériore. L'année suivante, Néron imagine une réforme fiscale qui supprimerait les impôts indirects.

Sur les instances réitérées du peuple, qui dénonçait les excès des publicains[11], Néron eut la pensée d'abolir toutes les taxes et de faire ainsi un cadeau magnifique au genre humain. Mais ce geste, dont ils commencèrent par louer vivement la générosité, fut arrêté par les sénateurs, qui évoquèrent la dissolution de l'Empire si l'on diminuait les revenus qui soutenaient l'État : en effet, la suppression des droits de douane[12] conduirait à réclamer l'abolition des impôts directs. La plupart des sociétés pour la perception

10. Nommés par le Sénat sur recommandation de l'empereur, les consuls exercent le pouvoir suprême civil et militaire pendant une année. Symboles de leur pouvoir coercitif, les faisceaux sont constitués de baguettes d'orme nouées et surmontées d'une hache. Ils sont portés par douze licteurs lors de leurs déplacements.

11. La perception des taxes était confiée à des sociétés de chevaliers romains qui abusaient souvent de leur pouvoir.

12. La principale taxe, variable d'une région à l'autre.

des taxes avaient été constituées par des consuls et des tribuns de la plèbe, quand la liberté du peuple romain était encore en pleine vigueur. Depuis, on n'avait fait que pourvoir aux moyens de mettre en balance le montant des recettes et le chiffre des dépenses nécessaires. Il fallait effectivement modérer la cupidité des publicains, pour éviter que des charges supportées sans murmure durant tant d'années ne fussent changées par des rigueurs nouvelles en un fardeau odieux.

Tacite, *Annales*, 13, 50

Le Sénat voulant préserver ses prérogatives fiscales, Néron devra se contenter de quelques mesures de moindre portée.

Le prince ordonna donc par un édit que les règlements relatifs à chaque impôt, tenus secrets jusqu'alors, seraient publiés, que les recouvrements négligés ne seraient plus exigibles après un an, qu'à Rome le préteur, dans les provinces les propréteurs ou les proconsuls, jugeraient en priorité les plaintes contre les publicains, que les soldats conserveraient leur immunité, sauf pour les objets dont ils feraient trafic et autres mesures très équitables, qui furent observées quelque temps, puis tombèrent en désuétude. Il subsiste cependant l'abolition du quarantième, du cinquantième et d'autres droits dont les noms avaient été donnés par les publicains à des perceptions illégales. On allégea dans les provinces d'outre-mer la taxe sur le transport du blé et on décida que les navires ne seraient pas comptés dans le cens des négociants ni soumis à l'impôt direct.

Tacite, *Annales*, 13, 51

Le rejet de cette réforme est un revers pour Néron, un signe supplémentaire que l'alliance avec le Sénat bat de l'aile. Le style et la personnalité du prince irritent. Sa prodigalité et ses excentricités

en heurtent plus d'un. On dit qu'il aime jouer les canailles en
provoquant de « honteux désordres » dans la Ville.

Son libertinage, sa lubricité, sa profusion, sa cupidité et
sa cruauté se manifestèrent d'abord graduellement et d'une
façon clandestine, comme dans l'égarement de la jeunesse,
et pourtant, même alors, personne ne put douter que ces
vices n'appartinssent à son caractère plutôt qu'à son âge.
Après la tombée de la nuit, ayant saisi un bonnet ou une
casquette, il pénétrait dans les cabarets, vagabondait dans
divers quartiers, faisant des folies, qui d'ailleurs n'étaient
pas inoffensives, car elles consistaient d'ordinaire à frapper
les gens qui revenaient d'un dîner, à les blesser, à les jeter
dans les égouts, s'ils résistaient, et même à briser les portes
des boutiques et à les piller. Il installa dans son palais une
cantine, où l'on cachait le produit du butin, qu'il dispersait
aux enchères.

Suétone, *Néron*, 26, 1-2

Il n'y avait de sûreté pour personne, même à rester
chez soi. Néron forçait les ateliers et les maisons. Aussi, un
sénateur, Julius Montanus, indigné des outrages faits à sa
femme, tomba sur lui et lui porta plusieurs coups dont les
traces, marquées sur le visage, l'obligèrent à rester caché
pendant quelques jours. Montanus, toutefois, n'en aurait
souffert aucun mal (Néron, s'imaginant avoir été blessé
par hasard sur le moment, n'en montrait aucune colère) s'il
n'eût écrit au prince pour implorer sa grâce. À la lecture de
cette lettre, celui-ci s'écria :

— Il savait donc que c'était Néron qu'il frappait !

Et Montanus se donna la mort.

Dion Cassius, *Histoire romaine*, 61, 9

Puis, quand on sut que c'était César qui menait ces expéditions, comme les outrages se multipliaient contre des hommes et des femmes de haut rang et que, cette licence une fois tolérée, certains, se faisant passer pour Néron, commettaient impunément les mêmes excès avec leurs propres bandes, Rome offrait pendant la nuit l'image d'une ville prise.

Tacite, *Annales*, 13, 25, 2

Ces désordres gagnent même les théâtres.

Les histrions, en effet, et les cochers ne s'inquiétaient ni des soldats ni des consuls. Ils formaient entre eux des factions et cherchaient à attirer les autres citoyens chacun à son parti, non seulement sans être réprimés, même en paroles, par Néron, mais encore excités par lui ; car il se plaisait à cette licence, se faisant amener secrètement en litière aux théâtres et contemplant, sans être vu, les scènes qui s'y passaient. Ainsi, il défendit que les soldats qui, d'habitude, se tenaient au milieu de toutes les assemblées du peuple, se rendissent à leurs postes, sous prétexte qu'ils ne devaient s'occuper que des choses militaires, mais, en réalité, pour donner toute liberté aux fauteurs de troubles.

Dion Cassius, *Histoire romaine*, 61, 8

Un jour qu'on en était venu aux mains et qu'on se battait à coups de pierres et de banquettes brisées, il jeta lui aussi force projectiles sur le peuple et blessa même grièvement un préteur à la tête.

Suétone, *Néron*, 26, 5

Au fil du temps, Néron se livrera à bien des extravagances, dont Suétone nous donne ici un avant-goût.

Mais peu à peu, à mesure que ses vices grandissaient, il renonça aux fredaines et aux mystères, et, sans plus prendre le soin de se dissimuler, se jeta ouvertement dans de plus grands excès. Il faisait durer ses festins de midi à minuit et bien des fois prenait entre-temps des bains chauds ou, pendant la saison d'été, rafraîchis avec de la neige. Il lui arrivait aussi de dîner en public, soit dans la naumachie[13], préalablement fermée, soit au Champ de Mars ou dans le grand cirque, en se faisant servir par toutes les courtisanes et joueuses de flûte de Rome.

Chaque fois qu'il descendait le Tibre pour se rendre à Ostie, ou qu'il longeait en bateau le golfe de Baïes, on installait de loin en loin sur la côte ou sur les rives des auberges où l'on pouvait voir des matrones, prêtes à la débauche et transformées en hôtesses, imiter les cabaretières et, d'ici et de là, l'exhorter à aborder. Il s'invitait aussi à dîner chez des amis : l'un d'eux dépensa ainsi quatre millions de sesterces pour un festin avec diadèmes et un autre encore davantage pour un banquet avec roses.

Suétone, *Néron*, 27

---

13. Grand bassin où l'on se livrait à des batailles navales.

LE MATRICIDE

En cette année 58, bien que plongé dans toutes sortes de débauches amoureuses, Néron voit sa vie bouleversée par un événement d'ordre sentimental. L'empereur de 21 ans est subjugué par Poppée Sabina, une femme belle et intelligente, issue d'une grande famille de Pompéi et déjà deux fois mariée. De quatre ou cinq ans son aînée, elle voit grand et loin. Pour Tacite, « l'impudicité de cette affaire est l'annonce de grands malheurs pour l'État ».

Cette femme possédait tout sauf une âme honnête : de fait, sa mère, qui surpassait en beauté toutes les femmes de son temps, lui avait donné à la fois la gloire et la grâce. Ses richesses suffisaient à l'éclat de sa race. Sa conversation était affable et son esprit ne manquait pas d'agrément. Sous des dehors réservés, elle se livrait à la débauche. Elle sortait rarement en public, et toujours à demi voilée, pour ne pas rassasier les regards ou parce que cela lui allait bien. Jamais elle ne ménagea sa réputation, ne faisant aucune distinction entre ses maris et ses amants ; sans se laisser lier ni par ses affections ni par celle d'autrui, partout où elle voyait son intérêt, elle portait son caprice. Aussi, bien que mariée au chevalier romain Rufrius Crispinus, dont elle avait un fils, elle se laissa séduire par la jeunesse et le faste d'Othon et parce qu'il passait pour tenir une place des plus brillantes dans l'amitié de Néron. Et l'adultère ne tarda pas à être suivi du mariage.

Tacite, *Annales*, 13, 45, 2-4

Othon, peut-être imprudent par amour, se met à vanter au prince la grâce et la distinction de son épouse, peut-être aussi dans le dessein de l'enflammer et l'idée que la possession de la même femme serait un nouveau lien qui accroîtrait son pouvoir. Souvent on l'entendit déclarer, en quittant la table du prince, qu'il allait, lui, la voir, se flattant d'avoir pu obtenir cette noblesse, cette beauté, la convoitise de tous, la joie des bienheureux.

De telles incitations ne restent pas longtemps sans effet ; mais, admise au palais, Poppée emploie d'abord les caresses et les artifices pour s'imposer, feignant de ne pouvoir résister à sa passion et d'être conquise par la beauté de Néron. Puis, sentant l'amour du prince s'aviver, elle recourt à la fierté : s'il veut la retenir au-delà de deux nuits, elle se récrie qu'elle est mariée et qu'elle ne peut renoncer à cette union, étant enchaînée à Othon par un genre de vie où il n'a pas d'égal ; en lui l'âme et les manières sont magnifiques. Chez lui, elle voit tout digne du rang suprême, tandis que Néron, amant d'une servante, attaché au commerce d'Acté, n'a retiré de ce concubinage avec une esclave rien que de bas et sordide.

Othon est exclu d'abord de l'intimité que lui réservait le prince, puis de sa cour et de sa suite. Enfin, pour l'empêcher de jouer dans la Ville le rôle de rival, on l'envoie gouverner la province de Lusitanie.

Tacite, *Annales*, 13, 46

Dès lors, la passion de Néron pour Poppée se fait chaque jour plus ardente. Mais Agrippine, encore, fait obstacle au désir de son fils de divorcer d'Octavie, la sage et vertueuse épouse depuis longtemps délaissée, et qui ne lui a pas donné de descendance. Poppée raille la soumission de l'empereur et rappelle qu'elle, au moins, est féconde. Elle exige, pour rester à ses côtés, qu'il s'affranchisse une bonne fois pour toutes de l'emprise de sa mère. Mais celle-ci n'a pas dit son dernier mot et, si l'on en croit les historiens du temps, use du pire des moyens pour enchaîner son fils.

Cluvius[1] rapporte que, dans son ardeur à maintenir sa puissance, Agrippine en vint au point que, au milieu du jour, au moment où Néron s'échauffait sous l'effet du vin et de la bonne chère, elle s'offrit plusieurs fois au jeune homme en état d'ivresse, toute parée et prête à l'inceste ; et déjà des baisers lascifs et des caresses préludant au scandale attiraient l'attention de l'entourage lorsque Sénèque recherche, contre les séductions d'une femme, le secours d'une autre femme et dépêcha l'affranchie Actè, qui, anxieuse à la fois pour elle-même et pour la réputation de Néron, devait l'avertir que le bruit de l'inceste s'était répandu, que sa mère s'en glorifiait et que les soldats ne supportaient pas le pouvoir d'un prince sacrilège. Fabius Rusticus[2] impute non pas à Agrippine mais à Néron un tel désir, tout en attribuant à l'adresse de la même affranchie le mérite de l'avoir détourné. Mais la version de Cluvius est présentée aussi par les autres sources et confirmée par l'opinion générale, soit qu'un dessein si monstrueux ait été conçu par Agrippine, soit que la préméditation d'une débauche inouïe paraisse plus crédible chez une femme qui, toute jeune encore, s'était donnée à Lepidus dans l'espoir de dominer, que la même passion avait abaissée aux caprices de Pallas et qui s'était rompue à toute espèce d'infamie par les noces contractées avec son oncle.

Tacite, *Annales*, 14, 2

1. Marcus Cluvius Rufus, consul, sénateur et gouverneur d'Espagne sous les règnes de Caligula, Claude et Néron. Historien dont les écrits sont perdus, ce témoin privilégié est l'une des principales sources de Tacite, Suétone, Dion Cassius et Plutarque.
2. Autre historien auquel se réfèrent Tacite et Suétone.

Certes, on ne prête qu'aux riches et le dossier d'Agrippine est déjà bien lourd. Mais ce soupçon d'inceste est également évoqué par Suétone, crûment.

On assure même que, jadis, toutes les fois qu'il allait en litière avec sa mère, il s'abandonnait à sa passion incestueuse et qu'il était dénoncé par les taches de ses vêtements.

Suétone, *Néron*, 28, 6

Laissons sur cette affaire le mot de la fin à Dion Cassius.

Comme si elle n'eût pas fait un assez grand tort à sa réputation en donnant de l'amour pour elle à son oncle Claude par ses artifices, ses regards et ses baisers lascifs, elle essaya d'enchaîner de même Néron. La chose eut-elle lieu réellement, ou bien est-ce une calomnie à laquelle leurs mœurs ont donné naissance ? je ne saurais le dire. Mais je rapporterai un fait dont tout le monde convient, c'est que Néron aima beaucoup une courtisane à cause de sa ressemblance avec Agrippine et que, lorsqu'il s'amusait avec elle et qu'il s'en vantait devant ses amis, il disait qu'il couchait avec sa mère.

Dion Cassius, *Histoire romaine*, 61, 11

On imagine Néron pratiquant volontiers l'humour grinçant, mais pour l'heure il est inquiet de la tournure des événements. Il évite désormais de se trouver seul à seule avec sa mère. Il l'incite à rester dans ses résidences, ne s'y rendant lui-même, comme le précise Tacite, « qu'entouré par une troupe de centurions et se retirant après un baiser rapide ». À présent, Néron ne souhaite plus différer l'heure du matricide. Il renonce au glaive et au poison, trop voyants. Il lui faut organiser, loin de Rome, une sorte de crime parfait qui le rende insoupçonnable.

Une proposition ingénieuse lui fut présentée par l'affranchi Anicetus, commandant de la flotte de Misène, qui avait été le pédagogue de Néron et qu'une haine réciproque opposait à Agrippine. Il montre donc qu'on peut aménager un navire de telle façon qu'une partie, détachée artificiellement en pleine mer, l'y précipite à l'improviste. Rien de plus fertile en hasards que la mer, et, si un naufrage la fait disparaître, qui serait assez injuste pour imputer au crime la faute du vent et des flots ? De plus, le prince élèverait à la défunte un temple, des autels et tout ce dont fait étalage la piété filiale.

Tacite, *Annales*, 14, 3, 3

Reste à trouver le bon moment. Ce sera au printemps 59, lors des fêtes en l'honneur de Minerve que l'empereur célèbre à Baïes.

Il y attire sa mère, à force de répéter qu'il faut supporter les ressentiments de ses parents et apaiser sa propre animosité, propos destinés à répandre le bruit d'une réconciliation et à l'accréditer auprès d'Agrippine, crédule, comme toutes les femmes, à l'annonce d'heureuses nouvelles. Lorsqu'elle arriva, il se rendit à sa rencontre sur le rivage – car elle venait d'Antium –, l'accueillit en lui donnant la main et en l'embrassant, et il la conduisit à Baules. C'est le nom d'une villa qui, située entre le promontoire de Misène et le lac de Baïes, est baignée par une anse de la mer. Là se dressait un navire plus orné que les autres, comme si cette nouvelle marque d'honneur était donnée à sa mère, car elle utilisait habituellement une trirème et les rameurs de la flotte pour se déplacer. De plus elle avait été invitée à un festin, afin de dissimuler le crime à la faveur de la nuit. On admet en général qu'il y eut un traître et qu'Agrippine, avertie du piège et ne sachant si elle devait y croire, se fit porter en chaise à Baïes. Là, les cajoleries dissipèrent sa crainte : elle fut accueillie avec prévenance et placée à table au-dessus de Néron lui-même.

Tacite, *Annales*, 14, 4, 1-4

Ce furent pendant plusieurs jours des festins somptueux où il traita sa mère avec toutes sortes de marques d'affection. Quand elle était absente, il feignait d'en être chagrin, et, quand elle était présente, il lui prodiguait les caresses. Il la pressait de lui demander ce qu'elle voudrait et lui accordait une foule de grâces qu'elle n'avait pas demandées. Lorsque vers le milieu de la nuit, au sortir du souper, il l'entoure de ses bras en la serrant sur sa poitrine, et, après lui avoir embrassé les yeux et les mains, en disant : « Ma mère, je t'en supplie, prends soin de toi, songe à ta santé, car, moi aussi, je vis en toi, et c'est par toi que je règne », il la remit à Anicetus, son affranchi, comme pour la conduire à sa résidence sur le vaisseau qui avait été préparé à cet effet.

Dion Cassius, *Histoire romaine*, 61, 13

Agrippine embarque sur le bateau truqué.

Une nuit illuminée d'étoiles et rendue paisible par le calme de la mer semblait ménagée par les dieux pour mettre le crime en évidence. Le navire n'avait pas beaucoup progressé, et deux personnes de son entourage accompagnaient Agrippine, Crepereius Gallus, qui se tenait non loin du gouvernail, et Acerronia, qui, penchée sur les pieds de sa maîtresse étendue, rappelait avec joie le repentir du fils et le crédit recouvré par la mère, quand, à un signal donné, voilà que s'écroule le plafond de la pièce sous une lourde charge de plomb.

Crepereius, écrasé, mourut aussitôt. Agrippine et Acerronia furent protégées par les montants du lit, qui s'élevait au-dessus d'elles et qui se trouvèrent assez solides pour résister au poids. Et le vaisseau tardait à se disloquer, en raison du désordre général et parce que beaucoup de matelots, qui n'étaient pas du complot, gênaient même les conjurés.

Ensuite, il parut bon aux rameurs de peser tous d'un seul côté et de submerger ainsi le navire ; mais eux-mêmes ne s'accordèrent pas assez vite pour cette manœuvre soudaine, et d'autres, en faisant contrepoids, ménagèrent une chute plus douce dans la mer. Cependant Acerronia, ayant eu l'imprudence de s'écrier qu'elle était Agrippine et qu'il fallait secourir la mère du prince, est assommée à coups de gaffes, de rames et de tous agrès qui tombaient sous la main. Agrippine qui gardait le silence et, par suite, ne se faisait pas reconnaître, – elle reçut pourtant une blessure à l'épaule – en nageant, puis en rencontrant des barques de pêcheurs, gagne le lac Lucrin, d'où elle se fait porter à sa villa.

Tacite, *Annales*, 14, 5

Agrippine est bien décidée à faire comme s'il ne s'agissait que d'un simple accident. Elle charge l'affranchi Agermus d'un message rassurant pour son fils.

Mais Néron attendait qu'on lui annonçât l'exécution du crime quand on lui apprend qu'elle s'en est tirée avec une plaie légère et que le risque encouru n'a eu pour effet que d'en dévoiler l'auteur. Alors, à demi mort de peur, il s'écrie qu'elle va bientôt arriver, prompte à la vengeance, soit qu'elle armât ses esclaves ou soulevât ses soldats, soit qu'elle se tournât vers le Sénat et le peuple, en dénonçant le naufrage, sa blessure et le meurtre de ses amis. Quel appui aurait-il là contre si Burrus et Sénèque ne trouvaient un moyen ?

Il les avait mandés aussitôt, sans qu'on sache s'ils étaient déjà au courant. Dans ces conditions, tous deux gardèrent longtemps le silence, craignant de chercher en vain à le dissuader, ou peut-être pensaient-ils qu'on en était venu à une telle extrémité que, si l'on ne devançait pas Agrippine, la perte de Néron était assurée. Puis Sénèque montra plus de décision en ce sens qu'il regarda Burrus et lui demanda s'il fallait donner aux soldats l'ordre du meurtre. L'autre répondit que les prétoriens étaient trop attachés à toute la maison des Césars et trop fidèles au souvenir de Germanicus pour rien oser d'affreux contre sa descendance ; qu'Anicetus accomplit ses promesses.

Celui-ci, sans hésiter, se charge de consommer le crime. À ces mots, Néron s'écrie qu'en ce jour on lui donne l'empire et qu'un si grand présent vient d'un affranchi ; qu'il parte à la hâte et emmène les hommes les plus déterminés à exécuter les ordres. Lui-même apprenant l'arrivée d'Agermus, mandaté par Agrippine pour lui remettre un message, prend les devants par une mise en scène accusatrice et, pendant que l'autre s'acquitte de sa mission, il lui jette un glaive entre les jambes. Puis, comme si on l'avait pris en flagrant délit, il le fait garrotter, pour pouvoir feindre que sa mère avait machiné l'assassinat du prince et que, honteuse de voir le crime découvert, elle avait pris spontanément le parti de se tuer.

Tacite, *Annales*, 14, 7

Avertie du danger couru par Agrippine, une foule de gens se presse devant sa maison pour la féliciter, quand arrivent Anicetus et ses hommes de main.

Anicetus investit la villa, enfonce la porte, s'empare des esclaves qu'il rencontre et arrive enfin au seuil de la chambre. Peu de gens se trouvaient là, tous les autres ayant fui, épouvantés par cette irruption. Dans la chambre, il n'y avait qu'une faible lueur, et une seule esclave avec Agrippine, de plus en plus inquiète de ne voir venir personne de chez son fils, pas même Agermus. Si la situation avait été bonne, les choses auraient eu un autre aspect. Pour le moment, c'était le désert, des bruits soudains, les signes du malheur suprême. Puis, comme la servante s'éloignait :

— Toi aussi, tu m'abandonnes, lance-t-elle.

Se retournant, elle voit Anicetus, accompagné du triérarque Herculeius et d'Obaritus, centurion de la flotte, et lui dit que, s'il était venu pour lui rendre visite, il pouvait annoncer son rétablissement, que, s'il allait commettre un crime, elle ne saurait l'imputer à son fils : il n'avait pas commandé un parricide. Les assassins entourent le lit, et le triérarque lui asséna, le premier, un coup de bâton sur la tête. Déjà le centurion dégainait pour lui donner la mort. Alors, montrant son abdomen :

– Frappe au ventre ! s'écria-t-elle.

Et, percée de coups, elle expira.

Tacite, Annales, 14, 8, 2-5

C'est ainsi qu'Agrippine, fille de Germanicus, petite fille d'Agrippa et arrière-petite-fille d'Auguste, par ordre de ce même fils à qui elle avait donné l'empire et pour qui elle avait, entre autres personnages, fait périr son oncle, fut misérablement égorgée. Quand Néron apprit sa mort, il n'y crut pas : la grandeur du forfait qu'il avait osé lui inspira des doutes, aussi voulut-il voir de ses propres yeux. Il la fit mettre entièrement nue pour la contempler, examina ses blessures, et enfin, prononçant une parole bien plus abominable encore que le meurtre lui-même :

– Je ne savais pas que j'avais une mère si belle.

Dion Cassius, Histoire romaine, 61, 14

Néron contempla-t-il sa mère inanimée et loua-t-il la beauté de son corps ? Certains l'ont rapporté, certains le nient. Elle fut brûlée la même nuit, sur un lit de tables, au cours d'obsèques misérables. Et, tant que Néron fut le maître de l'empire, on ne dressa ni tertre ni enceinte sur le sol.

Ensuite, ses serviteurs prirent le soin de lui élever un petit tombeau, au bord de la route de Misène, près de la villa du dictateur César, qui, placée au point culminant, a vue sur les golfes situés au-dessous. Quand le bûcher fut allumé, un de ses affranchis, nommé Mnester, se transperça d'un poignard, soit par affection pour sa patronne, soit par crainte d'une exécution.

Tacite, *Annales,* 14, 9, 1-2

L'attitude de Néron après le meurtre, telle qu'elle est rapportée, atteste le trouble de sa personnalité étrange et complexe.

Quant à César, ce fut seulement une fois le crime consommé qu'il en comprit l'énormité. Pendant le reste de la nuit, tantôt figé dans le silence et l'abattement, plus souvent se dressant sous le coup de l'épouvante et de l'égarement, il attendait la lumière du jour, comme si elle devait lui apporter le trépas. Alors, à l'instigation de Burrus, l'adulation des centurions et des tribuns commença à le raffermir en lui rendant l'espoir : ils lui prenaient la main et le félicitaient d'avoir échappé à un péril imprévu et à l'action criminelle de sa mère. Puis ses amis se rendent aux temples, et, l'exemple une fois donné, les municipes voisins de Campanie témoignent leur allégresse par des sacrifices et des députations. Lui-même, par une dissimulation contraire, affecte la tristesse, comme s'il s'en voulait d'avoir survécu et versait des larmes sur la mort de sa mère.

Tacite, *Annales*, 14, 10

Il distribua de l'argent aux prétoriens, évidemment pour leur faire souhaiter beaucoup d'exécutions pareilles. Puis, dans une lettre au Sénat, il énumérait contre sa mère tous ses crimes dont il avait pourtant été le complice, ajoutant qu'elle avait conspiré contre lui et que, son complot ayant été découvert, elle s'était elle-même donné la mort. Telle fut sa lettre au Sénat.

Quant à lui, il était, la nuit, en proie à un trouble qui l'obligeait à sauter tout à coup à bas de son lit ; le jour, il était effrayé par le bruit guerrier et tumultueux de trompettes dont les sons partaient de l'endroit où Agrippine était enterrée.

C'est pourquoi il changea de résidence, et, comme dans chacune les mêmes terreurs l'assiégeaient, il se transporta, épouvanté, autre part encore.

Dion Cassius, *Histoire romaine*, 61, 14

Néron se retire finalement à Naples. Pendant ce temps, à Rome, les esprits s'échauffent, et certains ne font pas mystère de leur hostilité grandissante à l'égard du prince. Parmi eux le sénateur Paetus Thrasea[3], un adepte du stoïcisme, considéré comme « la vertu même ».

À Rome, ces nouvelles, bien que fâcheuses, ne cessaient pas cependant d'apporter de la joie au peuple, persuadé que c'était un indice infaillible de la chute de Néron. Tous les autres sénateurs faisaient semblant de se réjouir de ce qui avait eu lieu ; ils s'en félicitaient avec Néron et décrétaient une foule de mesure dans l'intention de lui être agréables.

Mais Paetus Thrasea vint au Sénat, écouta la lettre de l'empereur, puis, la lecture finie, il se leva immédiatement, avant qu'on n'eût rien mis en délibération, et il sortit, alléguant que, ce qu'il voulait dire, il ne le pouvait pas, et ce qu'il pouvait, il ne le voulait pas. Thrasea se conduisait de la même sorte en toute occasion. Il disait :

— Si Néron devait me faire mourir seul, je pardonnerais de grand cœur à l'exagération des flatteries. Mais si, dans le nombre de ceux qui lui prodiguent des louanges, les uns n'ont pas été épargnés, les autres sont destinés à périr plus tard, à quoi bon succomber à la manière d'un esclave, en se couvrant de déshonneur, lorsqu'il est possible de payer en homme libre sa dette à la nature ? La postérité parlera de moi. D'eux, elle ne dira rien, sinon qu'ils ont été mis à mort.

---

3. Publius Clodius Thrasea Paetus, sénateur et philosophe stoïcien, ami de Sénèque. Il incarne l'opposition à Néron.

Tel était Thrasea. Sans cesse il se disait à lui-même :

– Néron a le pouvoir de me tuer, il n'a pas celui de me nuire !

Dion Cassius, *Histoire romaine*, 61, 1

Si le remords le tourmente, la peur le paralyse. Néron hésite encore trois mois avant de rentrer à Rome.

Cependant il s'attardait dans les villes de Campanie, se demandant de quelle façon il ferait son entrée à Rome, s'il retrouverait la déférence du Sénat, les sympathies de la plèbe, et s'en montrant inquiet. Par contre, tous les scélérats – et jamais cour n'en produisit davantage – lui exposent que le nom d'Agrippine est odieux et que sa mort n'a fait qu'exciter la faveur du peuple ; qu'il aille donc sans trembler et qu'il fasse en se montrant l'expérience de la vénération qu'il inspire.

En même temps, ils demandent instamment à le précéder. Et ils trouvent un empressement qui dépasse leurs promesses, les tribus venant à sa rencontre, le Sénat en habit de fête, des colonnes d'épouses et d'enfants rangées par sexe et par âge, et partout sur son passage des tribunes disposées en gradins, comme pour voir les triomphes.

Fier alors et vainqueur de la servilité publique, il monta au Capitole, rendit grâce aux dieux et s'abandonna à toutes ses passions, mal réprimées jusqu'alors, mais dont le respect à l'égard d'une mère, quelle qu'elle fût, avait retardé le débordement.

Tacite, *Annales*, 14, 13

Mais une partie de l'opinion n'épargne pas l'empereur.

Lorsque, après le meurtre de sa mère, Néron entra dans Rome, on lui rendit publiquement des honneurs. Mais, en privé, toutes les fois qu'on pouvait sans danger s'exprimer librement, on ne manquait pas de le calomnier. Ici, c'est un sac de cuir[4] que l'on suspendit, la nuit, à l'une de ses statues, pour marquer qu'il méritait d'y être enfermé ; là, c'est un enfant qu'on exposa sur le forum, avec un écriteau portant ces mots : « Je ne t'élève pas, de peur que tu ne tues ta mère ! » On pouvait lire semblablement écrit en plusieurs endroits : « Néron, Oreste, Alcméon, meurtriers de leurs mères. » On pouvait aussi entendre des personnes répéter cette unique parole : « Néron a tué sa mère », car bien des gens déféraient des citoyens comme ayant tenu ce propos, moins pour les perdre que pour reprocher à Néron son crime. Aussi n'accueillit-il aucune dénonciation sur ce sujet, soit qu'il appréhendât d'augmenter par là la rumeur, soit qu'il méprisât déjà ce qu'on disait de lui.

Dion Cassius, *Histoire romaine*, 61, 16

Toutefois, bien que réconforté par les félicitations des soldats, du Sénat et du peuple, il ne put jamais, ni sur le moment ni plus tard, étouffer ses remords, et souvent il avoua qu'il était poursuivi par le fantôme de sa mère, par les fouets et les torches ardentes des Furies. Il essaya même, en recourant aux incantations des mages, d'invoquer et de fléchir les mânes d'Agrippine.

Suétone, *Néron*, 34, 7

4. Parmi les tourments imaginés par les Anciens, il y avait le supplice du sac, qui consistait à enfermer un suspect ou un condamné dans un sac de cuir en compagnie d'un chat, d'un chien, d'un coq et d'un serpent. Lorsqu'il n'y avait plus aucun signe de vie, on jetait le sac à l'eau.

SALUT L'ARTISTE !

59-60

Cette terrible année 59 marque un premier tournant dans le règne de Néron et la fin de ce que d'aucuns ont appelé le quinquennium aureum, *le quinquennat d'or. Si ses premiers pas dans la politique ont été habilement guidés par Sénèque, il se sent maintenant les mains libres. L'État est toujours correctement administré, le Sénat joue encore son rôle, le peuple est choyé, mais le véritable intérêt de Néron est dans les arts. Cet admirateur de la Grèce et des cultes orientaux va donner désormais libre cours à ses penchants.*

Il toucha, dès son enfance, presque à toutes les études libérales, mais il fut détourné de la philosophie par sa mère, qui la lui représenta comme nuisible à un futur souverain, et de l'étude des anciens orateurs par son maître Sénèque, désireux d'accaparer plus longtemps son admiration. Aussi, comme il était porté vers la poésie, composa-t-il des vers par plaisir et sans peine, loin de publier sous son nom ceux d'autrui, comme certains le pensent.

Suétone, *Néron*, 52, 1-2

Parmi ces esprits sceptiques, Tacite, qui souligne la présence autour de Néron d'écrivains amateurs peu connus.

Ceux-ci, après dîner, tiennent séance et assemblent les vers qu'il apportait ou qu'il improvisait sur place, en ajoutant à ses propres expressions, bien ou mal venues, des compléments, ce que reflète le style même de ces poésies, dénuées de verve et d'inspiration et ne coulant pas d'une même source.

Tacite, *Annales*, 14, 16, 1

Réplique de Suétone, porté pour une fois à l'indulgence.

Il m'est tombé sous la main des notes et des brouillons contenant certains vers de lui, très connus. Or il était facile de voir qu'ils n'avaient pas été copiés ni écrits sous la dictée de quelqu'un, mais incontestablement tracés par un homme qui médite et compose, tant il y avait de ratures, d'additions et de surcharges.

Suétone, *Néron*, 52, 3

Néron s'intéresse à tous les arts, mais, après la poésie, c'est la musique qu'il aime le plus.

Durant son enfance, on l'avait, en dehors de ses autres études, initié à la musique, et, sitôt qu'il fut empereur, il appela auprès de lui Terpnus, le citharède alors le plus en vogue, resta plusieurs jours de suite, après le dîner, assis à côté de lui, tandis qu'il chantait jusqu'à une heure avancée de la nuit, puis peu à peu se mit à travailler et à s'exercer lui-même, sans négliger aucune des précautions que les artistes de ce genre ont coutume de prendre pour conserver ou amplifier leur voix. Il allait même jusqu'à supporter sur sa poitrine une feuille de plomb, en se tenant couché sur le dos, à prendre lavements et vomitifs pour se dégager le corps, à s'abstenir des fruits et des mets nuisibles à son organe. Enfin, charmé de ses progrès, quoique sa voix fût grêle et sourde, il brûla de se produire sur la scène et répétait constamment à ses familiers le proverbe grec : « De musique cachée on ne fait point de cas. »

Suétone, *Néron*, 20, 1-2

Sénèque et Burrus vont devoir canaliser les passions artistiques et sportives de Néron.

Depuis longtemps, il avait le désir de monter sur un quadrige de course et la fantaisie non moins honteuse de chanter en s'accompagnant de la cithare, comme on le fait au théâtre. Prendre part à des concours équestres était, rappelait-il, une activité royale et une pratique fréquente chez les généraux de l'Antiquité, un art célébré par les louanges des poètes et destiné à l'honneur des dieux. Quant aux chants, ils étaient consacrés à Apollon, et c'est sous les traits d'un musicien que se dressait, non seulement dans les villes grecques, mais encore dans les temples romains, cette divinité souveraine, maîtresse de la divination. Et il n'était plus possible de le retenir, quand Sénèque et Burrus jugèrent bon, pour éviter qu'il ne triomphât des deux côtés, de lui céder sur un point. On établit donc dans la vallée du Vatican une enceinte fermée, où il pût conduire des chevaux sans se donner en spectacle au public. Puis on en vient à inviter le peuple romain, qui l'applaudit et le porte aux nues, vu que la foule est avide de plaisirs et, si le prince suit les mêmes penchants, pleine d'allégresse.

Tacite, *Annales*, 14, 14, 1-2

Au début de son principat, il s'amusait chaque jour à faire évoluer sur une table de jeu des quadriges d'ivoire et quittait sa retraite pour assister aux moindres jeux du cirque, d'abord en secret, puis sans se cacher, de sorte que ces jours-là tout le monde était absolument certain qu'il serait présent. D'ailleurs, il ne cachait pas qu'il voulait voir augmenter le nombre des prix. Aussi, comme on multipliait les départs, le spectacle se prolongeait-il jusqu'à une heure tardive et les chefs de partis eux-mêmes ne daignaient plus amener leur troupe que pour une course d'une journée entière.

Suétone, *Néron*, 22, 2-3

Il avait une telle passion pour les courses de chevaux que, lorsqu'ils avaient passé l'âge, il décorait les coursiers illustres d'une toge semblable à celles que l'on porte au forum, comme s'ils eussent été des hommes, et leur payait une certaine somme, à titre de pension alimentaire. Cette inclination de l'empereur ayant enorgueilli les éleveurs de chevaux et les conducteurs de chars au point qu'ils se montraient d'une insolence révoltante envers les préteurs et les consuls, Aulus Fabricius, durant sa préture, irrité de leur refus de combattre pour un prix modéré, se passa d'eux ; il amena dans le cirque, au lieu de chevaux, des chiens qu'il avait dressés à tirer des chars. Les Blancs et les Rouges ayant, devant cette provocation, lancé aussitôt leurs chars, sans que, pour cela, les Verts et les Bleus entrassent en lice, Néron proposa de ses deniers des prix pour les chevaux, et les jeux du cirque eurent leur accomplissement.

Dion Cassius, *Histoire romaine*, 61, 6

Pour satisfaire ses passions, Néron avait fait construire en 57 un amphithéâtre en bois au Champ de Mars. Son architecture autant que les attractions présentées témoignent de la munificence du prince, comme le montrent les cris d'admiration du poète Calpurnius Siculus : dans ses Bucoliques, *le jeune paysan Corydon raconte à son ami Lycotas sa visite à Rome et évoque le grand amphithéâtre de bois ainsi que la figure de Néron.*

CORYDON. – J'ai vu se dresser jusqu'au ciel un amphithéâtre aux poutres enchevêtrées qui dominaient presque la roche Tarpéienne, des gradins immenses et des pentes doucement inclinées. Je suis arrivé aux places où une foule sordide en vêtements bruns contemplait le spectacle entre les sièges réservés aux femmes. Car partout où il y avait des places libres à ciel ouvert se pressaient les chevaliers et les tribuns en toge blanche. Comme ce vallon s'évase en un vaste cercle dont les flancs dessinent une courbe parmi les forêts qui se dressent aux alentours et comme il s'incurve en creux au milieu d'un cirque de montagnes, ainsi là-bas les courbes de l'arène incurvée entourent une surface plane, dont le milieu, relié à une double masse, a la forme d'un œuf.

Comment te rapporter à présent ce que j'ai eu moi-même de la peine à examiner en détail, tellement la splendeur m'éblouissait de tous côtés ? J'étais debout, figé, bouche bée, et j'admirais le tout, sans prendre conscience de chaque beauté, quand un vieillard, dont par hasard j'étais flanqué à ma gauche, s'écria :

— Eh quoi ! Te voilà stupéfait, l'homme des champs, tu es en admiration devant tant de richesses, toi qui ignores l'or et ne connais que les toits de misère, les huttes et les cabanes. Même moi qui suis déjà tout tremblant, avec des cheveux blancs, et qui ai vieilli dans cette ville que tu vois, je reste stupéfait devant tout cela. C'est sûr, ce n'était rien tout ce que nous avons vu ces dernières années, et tous les spectacles d'autrefois nous paraissent crasseux. Regarde le promenoir incrusté de pierres précieuses, regarde le portique couvert d'or, ils rayonnent à l'envi. Et aussi, là où le bout de l'arène s'achève par les places les plus proches du mur de marbre, on a rapporté des plaques d'un ivoire magnifique qui s'étendent et s'unissent pour former une petite roue qui tourne facilement sur son essieu bien rond, pour faire glisser d'un brusque tour de roue les griffes qui s'y appliquent et faire retomber les fauves en arrière. C'est d'or aussi que sont tissés les filets étincelants qui sont tendus vers l'arène sur des défenses entières, des défenses toutes égales.

J'ai vu toutes sortes de bêtes sauvages, il y avait des lièvres couleur de neige et des sangliers armés de leurs défenses, il y avait un animal rare même dans ses forêts natales, l'élan. J'ai vu aussi des taureaux ; les uns ont, quand ils lèvent la tête, une hideuse bosse qui se dresse entre leurs épaules ; d'autres agitent une crinière hérissée le long de leur cou ; d'autres ont une barbe raide qui s'étend sous le menton, et leurs fanons se hérissent de soies tremblantes. Et je n'ai pas eu seulement la chance de voir les monstres des forêts :

j'ai vu des veaux marins avec des ours qui luttaient contre eux et l'animal au nom de cheval[1], mais dont le hideux troupeau naît dans le fleuve qui de ses ondes printanières irrigue les semailles de ses rives. Ah ! Combien de fois tout tremblant ai-je vu le sol de l'arène se fendre et s'écarter, puis du gouffre béant de la terre jaillir les fauves ! Et souvent, dans ces mêmes crevasses, sous une pluie de safran, ont poussé des arbousiers dorés.

LYCOTAS. – Heureux Corydon, que la vieillesse tremblante n'arrête pas ! Oui, tu es heureux puisque, grâce à l'indulgence d'un dieu, tu as la chance de profiter de tes premières années pour parvenir à notre siècle ! À présent, si la fortune t'a accordé de voir de près la divinité vénérable et si tu as observé en face ses traits et son allure, dis-moi, allons, dis-moi, Corydon, quelle est la beauté des dieux.

CORYDON. – Ah ! si seulement je n'avais pas porté un vêtement de paysan ! J'aurais vu de plus près mes divinités ! Mais ma bassesse, mon pauvre vêtement brun et ma fibule à l'agrafe crochue m'ont desservi, en tout cas je l'ai tout de même contemplé en personne d'assez loin et, si mes yeux ne m'ont pas trompé, j'ai cru voir en un même visage les traits de Mars et ceux d'Apollon.

Calpurnius Siculus, *Bucoliques*, 7, 23-84

Panem et circenses… *Commencée dans l'horreur du matricide, l'année 59 se termine dans une ambiance de fête avec la création des Juvénales. Néron inaugure ainsi la longue série de divertissements qu'il aimera partager avec le peuple, en le comblant de largesses.*

Il donna un très grand nombre de spectacles : des Jeux juvénaux, des jeux du cirque, des représentations théâtrales, un combat de gladiateurs. Pour les Jeux juvénaux, il admit comme acteurs même de vieux consulaires et des matrones

1. Description naïve de l'hippopotame.

très âgées. Pour ceux du cirque, il réserva aux chevaliers des places à part et fit même courir des quadriges attelés de chameaux.

Au cours des représentations qu'il donna pour l'éternité de l'empire et fit, pour ce motif, nommer « les Grands Jeux », de très nombreuses personnes des deux ordres et des deux sexes remplirent des rôles divertissants. Un chevalier romain très connu, juché sur un éléphant, descendit le long d'une corde. On représenta la comédie d'Afranius intitulée *L'incendie*, et l'on permit aux acteurs de mettre au pillage et de garder pour eux les meubles de la maison embrasée.

Chaque jour on fit pleuvoir sur la foule des cadeaux tout à fait variés : un millier d'oiseaux de toute espèce, des victuailles diverses, des bons de blé, des vêtements, de l'or, de l'argent, des pierres précieuses, des perles, des bons donnant droit à des esclaves, à des bêtes de somme, et même à des fauves apprivoisés, en dernier lieu à des navires, à des maisons, à des terres.

Néron suivit ces jeux du haut de l'avant-scène. Durant le combat de gladiateurs qu'il donna dans un amphithéâtre de bois construit en moins d'une année dans la région du Champ de Mars, il ne laissa tuer personne, même parmi les condamnés. Au nombre des combattants figurèrent quatre cents sénateurs et six cents chevaliers romains, dont certains jouissaient d'une fortune et d'une réputation intactes. À ces deux ordres appartenaient aussi les bestiaires et les divers employés de l'arène.

Il donna encore une naumachie, où l'on vit des monstres marins nageant dans l'eau de mer. Il fit également exécuter des pyrrhiques[2] par des éphèbes, qui tous, après avoir joué leur rôle, reçurent le brevet de citoyen romain. Entre ces danses, un taureau saillit une génisse de bois, où beaucoup

---

2. Danse martiale grecque qui se pratique en armes.

de spectateurs crurent que Pasiphaé était enfermée. Icare[3],
dès son premier essai, tomba près de la loge de l'empereur,
qui fut lui-même éclaboussé de sang. En effet, Néron
présidait très rarement le spectacle : d'ordinaire, il le
regardait couché sur un lit, les premiers temps par de
petites ouvertures, puis du haut d'un podium qu'il avait
fait découvrir en entier.

Suétone, Néron, 11 – 12, 1-6

*Si le petit peuple de Rome en redemande, une partie de la noblesse
et de la bourgeoisie s'indigne de ces excès.*

Tous les gens d'esprit gémissaient de ces désordres et
des dépenses faites pour le peuple [...]. Ils songeaient en
effet que, lorsque le prince dépense de telles sommes pour se
déshonorer, il ne s'abstiendra d'aucun acte, quelque insensé
qu'il soit, pour en tirer profit. Des prodiges étant alors
survenus, les devins déclarèrent que c'était des présages
funestes pour lui, et ils lui conseillèrent de détourner le
malheur sur d'autres. Il aurait aussitôt fait mourir plusieurs
personnes si Sénèque ne lui eût dit :

– Quelque grand que soit le nombre de ceux dont tu
auras versé le sang, tu ne pourras tuer ton successeur.

Dion Cassius, Histoire romaine, 61, 18

*Tacite, quant à lui, dénonce les débordements immoraux auxquels
ont donné lieu les fêtes des Juvénales où l'on s'inscrit en foule.*

Ni la noblesse ni l'âge ou le fait d'avoir rempli des
charges n'empêchèrent personne de pratiquer l'art d'un
histrion grec ou latin et même de s'abaisser à des gestes et
des chants indignes d'un homme. Bien plus, des femmes
de haut rang vont jusqu'à étudier des rôles indécents. Et

---

3. Un acteur jouait Icare volant dans les airs.

l'on construisit, dans le bois qu'Auguste avait planté autour de la naumachie, des lieux de rendez-vous et des cabarets, et l'on y mit en vente tout ce qui incite à la luxure. On y distribuait des pièces de monnaie, à dépenser, les honnêtes gens par nécessité, les débauchés par gloriole.

De là une montée des scandales et des infamies, et rien, dans la corruption déjà ancienne des mœurs, n'offrit un tel choix de séductions que ce cloaque. C'est à grand-peine que les pratiques honnêtes maintiennent la moralité. À plus forte raison, dans cette émulation de vices, la chasteté, la retenue ou la moindre parcelle d'intégrité ne pouvaient être conservées.

Tacite, *Annales*, 14, 15, 1-4

De plus – il fallait bien mettre à ces infamies le comble dont elles étaient dignes –, Néron monta lui-même sur le théâtre, après y avoir été nommément proclamé par Gallion[4], faisant office de héraut. César parut sur scène en habit de cithariste. L'empereur dit :

– Messeigneurs, écoutez-moi favorablement.

Et l'Auguste joua *Attis*, ou *Les Bacchantes*, environné d'un grand nombre de soldats, tandis que tout ce qu'on avait pu admettre de peuple était assis en face sur les sièges, quoiqu'il eût, comme le rapporte la tradition, une voix si faible et si sourde qu'il excita à la fois les rires et les larmes de tous. Burrus et Sénèque, faisant les maîtres de scène, se tenaient debout, à côté de lui, pour servir de souffleurs. Ils agitaient leurs mains et leurs vêtements quand le prince avait chanté un morceau, et entraînaient les autres.

Dion Cassius, *Histoire romaine*, 61, 20

4. Frère aîné de Sénèque.

Et alors pour la première fois furent enrôlés des chevaliers romains, appelés Augustiani, remarquables par leur âge et leur vigueur, les uns de nature effrontée, les autres espérant se rendre influents. Ils passaient les jours et les nuits à faire retentir leurs applaudissements, vantant la beauté et la voix du prince en des termes réservés aux dieux, et, comme s'ils le devaient à leur mérite, ils obtenaient illustration et honneurs.

Tacite, *Annales*, 14, 15, 5

On les reconnaissait à leur chevelure très épaisse, à leurs costumes somptueux, à l'absence de tout anneau à leur main gauche, et leurs chefs gagnaient quatre cent mille sesterces.

Suétone, *Néron*, 20, 6

Ils commençaient d'applaudir, et tous les spectateurs étaient contraints de faire entendre, malgré eux, des acclamations, excepté Thrasea. Car Thrasea ne se prêta jamais aux bassesses de l'empereur, mais les autres spectateurs, et principalement les personnages de distinction, s'empressaient, non sans gémir, de se rassembler et d'unir, comme s'ils eussent été remplis de joie, leurs acclamations à toutes celles des Augustiani. On pouvait les entendre s'écrier :

– Tu es le beau César, l'auguste Apollon, tu es semblable au dieu pythien. Nous le jurons par toi, César, personne n'est supérieur à toi !

À la suite de cet exploit, Néron fit servir un festin au peuple, sur des barques, à l'endroit où Auguste avait donné une naumachie, et, de là, au milieu de la nuit, il descendit jusqu'au Tibre par le canal.

Dion Cassius, *Histoire romaine*, 61, 20

En créant les jeux quinquennaux en 60, Néron ne cache pas son intention de secouer les traditions et d'imposer une sorte de révolution culturelle, dont il se veut le chef charismatique.

Il institua en outre, chose entièrement nouvelle à Rome, un concours quinquennal, triple, suivant l'usage grec – musical, gymnique et hippique –, auquel il donna le nom de « joutes néroniennes ». Après avoir inauguré des thermes et un gymnase, il fournit l'huile même aux sénateurs et aux chevaliers. Il fit présider tout ce concours par des consulaires tirés au sort et siégeant à la place des préteurs.

Ensuite il descendit se placer dans l'orchestre avec les sénateurs. Il accepta la couronne d'éloquence et de poésie latines que s'étaient disputée les plus honorables citoyens et qu'ils lui cédèrent d'un commun accord, mais, quand les juges lui décernèrent celle des joueurs de lyre, il s'agenouilla et la fit porter devant la statue d'Auguste. Pendant le concours de gymnastique, donné dans l'enceinte des élections, il se fit couper la barbe pour la première fois, dans la pompe d'une hécatombe[5], et il la renferma dans une boîte d'or enrichie de perles d'un très grand prix qu'il consacra au Capitole. Aux luttes athlétiques, il invita même les vestales, parce qu'à Olympie même les prêtresses de Cérès sont admises à ce spectacle.

Suétone, Néron, 12, 7-10

Sur les ambitions intellectuelles de Néron, on rapporte également cette savoureuse anecdote.

Il se disposait aussi à écrire en vers l'histoire entière de Rome. Il songeait, préalablement à toute composition, au nombre des livres, assisté, entre autres, d'Annaeus Cornutus,

---

5. Sacrifice rituel d'animaux précédé d'une procession. Il s'agit sans doute d'une comparaison liée au cérémonial voulu par Néron. La tonte de la barbe marque le passage de l'adolescence à l'âge adulte.

personnage alors estimé pour son savoir. Peu s'en fallut pourtant qu'il ne le fît mourir ; il le relégua dans une île parce que, plusieurs estimant que Néron devait écrire quatre cents livres, il avait dit que c'était beaucoup et que personne ne les lirait. Puis, comme on lui eut répliqué : « Cependant Chrysippe, que tu loues et que tu cherches à imiter, en a composé bien davantage », il avait répondu :

— Oui, mais ces livres sont utiles à la vie de l'homme.

Cornutus donc fut puni de cette réponse par l'exil.

Dion Cassius, *Histoire romaine*, 62, 29

UN EMPEREUR PACIFIQUE

Jamais Néron ne fut en aucune manière touché par le désir ni par l'espoir d'accroître et d'étendre l'Empire : il songea même à retirer ses troupes de Bretagne, et ce fut uniquement par convenance, pour ne point paraître insulter la mémoire de son père, qu'il y renonça. Il réduisit seulement en province le royaume du Pont, avec l'assentiment de Polémon[1], et celui des Alpes, après la mort de Cottius[2].

Suétone, *Néron*, 18

En matière de politique extérieure, Néron compense son inex-périence par la prudence et la diplomatie. De fait, il maintient une sorte de statu quo, laisse l'Empire contenu dans ses frontières naturelles et se contente de réagir en cas de nécessité. C'est le cas en Germanie où l'on tente surtout de préserver la paix qui règne depuis l'an 50.

Le calme avait régné jusqu'alors en Germanie, grâce à la politique des généraux, qui, voyant trop répandus les ornements du triomphe, espéraient trouver une gloire plus grande dans le maintien de la paix. Paulinus Pompeius et L. Vetus avaient à cette époque le commandement de l'armée. Cependant, pour ne pas laisser le soldat inactif, le premier acheva l'œuvre commencée par Drusus[3] soixante-trois ans auparavant, la construction d'une digue pour

1. Roi du Pont et du Bosphore.
2. Roi d'un petit état alpin indépendant s'étendant sur la Maurienne et le Briançonnais.
3. Claudius Drusus. Frère de Tibère et brillant général.

contenir le Rhin. Et Vetus se disposait à relier la Moselle
et la Saône par un canal intermédiaire afin de permettre
aux convois venus par mer, puis acheminés sur le Rhône et
la Saône, de prendre ce canal et de suivre ensuite le cours
de la Moselle pour arriver au Rhin et de là à l'Océan ; on
éviterait ainsi les difficultés de la route, et la navigation
unirait les rivages de l'Occident à ceux du Septentrion.
Mais cette entreprise suscita la jalousie d'Aelius Gracilis,
légat de Belgique, qui empêcha Vetus d'amener ses légions
dans la province d'un autre et de chercher à gagner la
sympathie des Gaules, à force de répéter que l'empereur y
verrait un sujet de crainte – ce qui fait très souvent échouer
les tentatives honorables.

Tacite, *Annales*, 13, 53

*Maintenir la paix, c'est avant tout contenir les nombreuses et tur-
bulentes tribus qui peuplent la Germanie : Bructères, Ampsivariens,
Chérusques, Chattes, Usipètes, Hermundures, Chauques et autres
Frisons…*

Quoi qu'il en soit, l'inaction continue des armées fit se
propager le bruit qu'on avait enlevé aux légats le droit de
les mener à l'ennemi. Aussi les Frisons s'approchèrent-ils
des bords du Rhin, la jeunesse par les défilés ou les marais,
l'âge impropre à la guerre par les lacs, et ils s'établirent sur
des terres inoccupées et réservées à l'usage des troupes, à
l'instigation de Verritus et de Malorix, qui régnaient sur cette
peuplade, dans la mesure où les Germains ont des rois. Et
déjà ils avaient construit des maisons, ensemencé les champs,
et ils travaillaient ce sol comme un bien ancestral, quand
Dubius Avitus, successeur de Paulinus dans le gouvernement
de la province, les menaça d'employer la force romaine si
les Frisons ne regagnaient pas leurs anciens territoires ou
s'ils n'obtenaient pas de César une nouvelle résidence, et il
décida Verritus et Malorix à recourir aux prières.

Ils partirent pour Rome, et, en attendant une audience de Néron, occupé à d'autres soins, parmi les curiosités présentées aux barbares, on les introduisit au théâtre de Pompée, pour leur faire voir l'immensité du peuple. Là, par désœuvrement – car le spectacle n'offrait à des profanes aucun agrément –, ils posèrent des questions sur le public des gradins, les distinctions entre les ordres – qui étaient les chevaliers, où se trouvait le Sénat – et ils remarquèrent certains personnages en costume étranger sur les sièges des sénateurs ; demandant qui c'était et apprenant qu'on accordait cet honneur aux délégués des nations qui se distinguaient par leur courage et leur amitié pour les Romains, ils s'écrient qu'aucun peuple parmi les mortels ne l'emporte sur les Germains en bravoure ou en fidélité, descendent les marches et vont s'asseoir parmi les sénateurs. Ce geste fut bien accueilli de l'assistance, comme l'élan d'une ferveur antique et le signe d'une bonne émulation. Néron donna aux deux chefs le droit de cité romaine, mais ordonna aux Frisons de quitter les terres. Et, comme ils s'y refusaient, la cavalerie auxiliaire lancée soudain contre eux leur fit une nécessité d'obéir, après avoir capturé ou massacré ceux qui avaient mis plus d'acharnement à résister.

Tacite, *Annales*, 13, 54

C'est au tour des Ampsivariens d'envahir ces mêmes terres que les Romains considèrent comme un glacis protecteur sur le bas Rhin et qui marquent la limite des ambitions impériales au nord de l'Europe. Allié fidèle des Romains, leur chef Boiocalus les implore de lui accorder ce territoire et en appelle même à la justice des dieux.

Exaspéré par ces paroles, Avitus déclara qu'il fallait subir la loi des meilleurs ; les dieux qu'ils imploraient avaient voulu laisser aux Romains la pleine liberté de donner ou d'enlever, sans souffrir d'autres juges qu'eux-mêmes. Telle fut sa réponse publique aux Ampsivariens, mais à Boiocalus il promit que, en souvenir de son amitié, il lui donnerait des terres. Repoussant cette offre comme le prix de la trahison, l'autre ajouta :

– Si la terre peut nous manquer pour vivre, pour mourir elle ne le peut !

Et, la haine au cœur des deux côtés, on se sépara. Les autres appelaient les Bructères, les Tenctères et même des peuplades plus éloignées pour les associer à une guerre.

Avitus écrivit au légat de l'armée en Germanie supérieure, Curtilius Mancia, de passer le Rhin et de se montrer en armes sur les arrières de l'ennemi. Lui-même conduisit ses légions sur le territoire des Tenctères, menaçant de tout détruire s'ils ne dissociaient pas leur cause. Alors ils renoncent. La même crainte paralyse les Bructères ; et les autres peuples désertent aussi les dangers d'une lutte étrangère.

Restés seuls, les Ampsivariens se replièrent chez les Usipiens et les Tubantes. Chassés de ces territoires, ils gagnèrent le pays des Chattes, puis celui des Chérusques, et, après une longue errance, traités en étrangers, en mendiants, en ennemis, sur la terre d'autrui, l'ensemble des hommes jeunes est massacré et l'âge impropre à la guerre fut partagé comme un butin.

Tacite, *Annales*, 13, 56

Ainsi va la vie en Germanie en ce temps-là…

Mais la question d'Orient revient au premier plan, autrement plus préoccupante pour Néron. Nous avons vu le jeune empereur, dès les premières semaines de son règne, confronté aux ambitions de l'Empire parthe. En cette année 58, Tiridate rompt la « drôle de paix » instaurée depuis quatre ans et harcèle l'Arménie par une série de coups de force. Certes, Néron n'est pas un va-t-en-guerre, mais il faut bien relever les défis.

Au début de cette année, la guerre, jusqu'ici mollement engagée et traînée en longueur entre les Parthes et les Romains pour la possession de l'Arménie, est menée avec vigueur, parce que, d'une part, Vologèse n'admettait pas que son frère Tiridate fût privé d'un royaume qu'il tenait de lui ou qu'il le dût à la générosité d'une puissance étrangère, et que, d'autre part, Corbulon jugeait digne de la grandeur du peuple romain de recouvrer les anciennes conquêtes de Lucullus et de Pompée.

En outre les Arméniens, à la fidélité incertaine, sollicitaient les armes des deux camps, alors que la situation géographique et la similitude des mœurs les rapprochaient des Parthes et que, unis à eux par des mariages et ignorant la liberté, ils penchaient plutôt de leur côté vers la servitude.

Tacite, *Annales*, 13, 34, 2

Corbulon, le général en chef des armées d'Orient, doit réorganiser ses forces amollies, « ayant plus de peine à combattre l'indolence de ses soldats que la perfidie de ses ennemis ».

Aussi Corbulon, après avoir congédié ceux que l'âge ou la santé rendaient inaptes, demanda-t-il des renforts. Des levées eurent lieu en Galatie et en Cappadoce, et on y ajouta une légion venue de Germanie avec les ailes de cavalerie et les cohortes d'infanterie alliées. Toute l'armée fut retenue sous la tente, à cause de la rigueur d'un hiver si rude que la terre était couverte de glace et qu'il fallait la creuser pour y dresser des tentes. Beaucoup eurent les membres gelés et certains succombèrent en montant la garde. On remarqua même un soldat qui, en portant une fascine de bois, eut les mains tellement raidies par le froid qu'elles adhérèrent à ce fardeau et tombèrent de ses bras mutilés.

Corbulon lui-même, vêtu légèrement, la tête découverte, tenait à se montrer partout, dans les marches et dans les travaux, louant l'énergie, consolant la faiblesse, montrant l'exemple à tous.

Tacite, *Annales*, 13, 35, 2-4

Au printemps 59, les armées sont prêtes et Corbulon décide de franchir l'Euphrate. Tout en menant guerre ouverte contre l'Arménie, Tiridate évite la bataille frontale à laquelle Corbulon veut le contraindre. Celui-ci, avec l'aide de ses alliés, finit par mettre Tiridate en grande difficulté. L'hiver venu, on tente de parlementer pour conclure la paix. Mais Corbulon déjoue une « ruse barbare » de Tiridate qui projetait de s'emparer de lui lors des pourparlers. La conférence n'a pas lieu et Tiridate se retire. Pour éviter que la guerre ne traîne en longueur, le général romain décide alors de s'emparer des villes fortes arméniennes, en se réservant l'une des plus importantes, Volanda. Le récit de cette prise est un remarquable condensé d'art militaire.

Alors, après avoir reconnu le pourtour des fortifications et préparé tout ce qu'il faut pour un assaut, il exhorte ses soldats contre un ennemi vagabond, qui n'est disposé ni à la paix ni au combat, mais dont la fuite révèle la perfidie et la lâcheté, en les poussant à le chasser de ses positions et à songer simultanément à la gloire et au butin. Puis, ayant divisé l'armée en quatre corps, il masse le premier en formation de tortue et le mène au pied du rempart pour le saper ; un deuxième reçoit l'ordre de dresser les échelles contre les murs ; d'autres, en grand nombre, de lancer avec les machines des brandons et des javelots ; aux arbalétriers et aux frondeurs est assigné un poste d'où ils puissent envoyer de loin leurs projectiles. Ainsi, nulle part l'ennemi ne saurait porter secours à ses troupes en difficulté, puisqu'il subirait partout la même pression.

Ce dispositif donna aux troupes une telle ardeur dans la lutte que, avant le tiers de la journée, les murs étaient dégarnis de défenseurs, les barricades des portes enfoncées, les fortifications prises par escalade, tous les adultes massacrés, sans que nous ayons perdu un seul soldat et avec très peu de blessés. La populace inapte au combat fut vendue à l'encan et le reste du butin livré aux vainqueurs. Pareil succès fut remporté par le légat et le préfet, et trois forts enlevés en un seul jour entraînaient, par la terreur ou la bonne volonté des habitants, la reddition de tous les autres. Cela donna confiance à Corbulon pour s'attaquer à la capitale du pays, Artaxate.

Tacite, *Annales*, 13, 39, 2-6

Corbulon et Tiridate se rencontrent non loin des murs de la ville. Mais Corbulon ne se laisse pas surprendre, « ayant disposé son armée pour la marche comme pour la bataille ». *Après quelques tentatives de harcèlement, le Parthe esquive le combat et disparaît à nouveau.*

Corbulon établit son camp sur place et songea d'abord à profiter de la nuit pour marcher sans bagages sur Artaxate et investir la ville, où il pensait que Tiridate s'était retiré. Puis, quand des éclaireurs lui rapportèrent que le roi s'éloignait, sans qu'on sût s'il se dirigeait vers les Mèdes ou les Albaniens, il attend le jour, après avoir fait partir en avant l'infanterie légère avec ordre d'entourer l'enceinte pendant ce temps et de commencer l'attaque de loin.

Mais les habitants ouvrirent d'eux-mêmes les portes et s'abandonnèrent aux Romains, eux et leurs biens, ce qui sauva leurs personnes. Artaxate, livrée aux flammes, fut détruite et rasée de fond en comble, car, d'une part, elle ne pouvait être conservée sans une forte garnison à cause de l'étendue des murailles et nous n'avions pas assez de troupes pour les partager entre l'occupation de la place et la conduite de la guerre, et, d'autre part, si elle était laissée intacte et sans défense, il n'y avait ni profit ni gloire à l'avoir prise [...]. En raison de ces succès, Néron reçut une salutation impériale, et un sénatus-consulte prescrivit des supplications aux dieux et pour le prince des statues, des arcs de triomphe, des consulats successifs. On décide aussi d'inscrire parmi les jours de fête ceux où la victoire avait été remportée, où elle avait été annoncée, où elle avait été mise à l'ordre du jour, sans compter d'autres mesures du même genre, si excessives que C. Cassius[4], après avoir voté pour les autres honneurs, exposa que, si des actions de grâces aux dieux devaient égaler la faveur de la fortune, l'année, même entière, ne suffirait pas aux supplications et qu'il convenait de distinguer les jours fériés des jours ouvrables, afin de rendre hommage aux dieux sans entraver l'activité des hommes.

Tacite, *Annales*, 13, 41, 1-4

Fort de ses succès, Corbulon marche sur Triganocerte, à la poursuite d'un ennemi toujours insaisissable. L'été brûlant, le manque d'eau et de nourriture épuisent son armée, mais la ville s'offre à Corbulon.

De plus, comme Tiridate cherchait, en passant par le pays des Mèdes, à occuper l'extrémité de l'Arménie, Corbulon envoya en avant le légat Verulanus avec les auxiliaires, et, marchant lui-même en hâte à la tête des légions, il l'obligea à fuir au loin et à renoncer à l'espoir de la guerre. Puis, après avoir porté le fer et le feu contre ceux dont il connaissait les sentiments hostiles à notre égard, il allait entrer en possession de l'Arménie quand arriva Tigrane, choisi par Néron pour prendre le pouvoir, lui qui, issu de la noblesse cappadocienne et petit-fils du roi Archelaus, mais longtemps retenu comme otage dans la ville, s'était abaissé à une docilité servile.

Et il ne fut pas accueilli d'un accord unanime, car certains gardaient obstinément leurs faveurs aux Arsacides. Mais la plupart, exaspérés par l'orgueil des Parthes, préféraient un roi donné par les Romains. On laissa aussi, pour le soutenir, mille légionnaires, trois cohortes d'alliés et deux ailes de cavalerie. Et, pour lui permettre d'assurer plus

---

4. Caius Cassius Longinus, jurisconsulte éminent et rigoureux.

facilement la défense de son nouveau royaume, les parties de l'Arménie voisines de leurs États reçurent l'ordre d'obéir au roi Pharasmanès, Polémon, Aristobule et Antiochus. Corbulon se retira en Syrie, province rendue vacante par la mort du légat Ummidius et confiée à ses soins.

Tacite, *Annales*, 14, 26

La question arménienne connaîtra d'autres rebondissements. Pour l'heure, c'est vers la Bretagne que Néron doit porter son attention.

LE DÉFI DE BOUDICCA

60-61

La pacification de la Bretagne se poursuit, mais des peuples irrédentistes continuent de défier l'occupant romain. Le gouverneur militaire vient de mater dans le sang les Silures du Pays de Galles.

Mais alors les Bretons étaient gouvernés par Paulinus Suetonius, dont les talents militaires et la rumeur publique, qui ne laisse jamais personne sans rival, faisaient l'émule de Corbulon, et qui, songeant à la reconquête de l'Arménie, désirait égaler cette gloire en domptant les rebelles. Il se dispose donc à attaquer l'île de Mona[1], forte par ses habitants et repaire de transfuges, et il construit des bateaux à carène plate pour aborder sur fond bas et mouvant. Ainsi passa l'infanterie ; les cavaliers, suivant à gué ou nageant dans des eaux plus profondes, traversèrent à cheval.

Sur le rivage se dressait l'armée ennemie, dense en armes et en hommes, au milieu desquels couraient des femmes ; telles des Furies, en vêtements de deuil, les cheveux épars, elles brandissaient des torches ; et des druides, tout autour, lançaient des prières sinistres, en levant les mains vers le ciel ; l'étrangeté de ce spectacle bouleversa les soldats au point que, comme s'ils avaient les membres paralysés, ils offraient aux coups leurs corps immobiles.

Puis, sur les exhortations du chef et s'excitant eux-mêmes à ne pas trembler de peur devant une troupe de femmes et de fanatiques, ils prennent l'offensive, abattent ceux qu'ils rencontrent et enveloppent les autres de leurs propres

1. L'île d'Anglesey, au sud du Pays de Galles.

flammes. On imposa ensuite une garnison aux vaincus et on rasa les bois consacrés à leurs cruelles superstitions, car honorer les autels avec le sang des prisonniers et consulter les dieux dans les entrailles humaines passait pour un devoir rituel. Au milieu de ces occupations, Suetonius apprend la révolte soudaine de la province.

Tacite, *Annales*, 14, 29, 2-3 – 30

Cette flambée de violence de l'an 60 a des causes multiples. Les Bretons ne supportent plus le pillage de leurs terres et de leurs biens, et surtout la brutalité avec laquelle Rome exerce son pouvoir dans cette partie de l'Empire.

Mais le chef qui les excita surtout, qui les décida à la guerre contre les Romains, qui fut jugé digne d'être à leur tête et qui les commanda durant toute la guerre, ce fut Boudicca, femme bretonne, de race royale et d'un courage au-dessus de son sexe.

Dion Cassius, *Histoire romaine*, 62, 2

Boudicca est l'épouse du roi des Icéniens[2]. Celui-ci vient de mourir, et son allégeance à Néron est bien mal récompensée.

Le roi des Icéniens, Prasutagus, célèbre par une longue opulence, avait désigné César comme héritier avec ses deux filles, pensant qu'une telle déférence mettrait son royaume et sa maison à l'abri de tout dommage. Elle eut un effet contraire, au point que son royaume, en proie à des centurions, sa maison, en proie à des esclaves, furent ravagés comme des conquêtes. Dès le début, son épouse Boudicca fut frappée de coups et ses filles honteusement violées. Les principaux des Icéniens, comme si tout le pays

2. Révoltés, ils avaient été soumis en 50. Région de Norfolk et Cambridge.

eût été donné en présent aux Romains, sont dépouillés de leurs biens ancestraux, et les proches parents du roi étaient mis au nombre des esclaves.

Cet outrage et la crainte de maux plus pénibles – car ils venaient d'être réduits à l'état de province – les poussent à prendre les armes, et ils entraînent à la révolte les Trinovantes et les autres peuples qui, n'étant pas encore rompus à la servitude, avaient secrètement comploté sous serment de reprendre leur liberté. Ils avaient la plus vive haine des vétérans, qui, établis naguère en colonie à Camulodunum[3], chassaient les habitants de leurs maisons et les expulsaient de leurs terres, en les traitant de captifs et d'esclaves, avec l'appui des soldats, qui encourageaient les excès des vétérans par solidarité de métier et dans l'espoir de la même licence.

Tacite, *Annales*, 14, 31, 1-3

Boudicca déclenche une rébellion meurtrière. Pour les Romains commence alors une désastreuse campagne.

Elle rassembla une armée d'environ cent vingt mille hommes et monta sur une tribune faite, à la manière des Romains, avec de la terre détrempée. Sa taille était grande, sa figure farouche, son regard perçant ; elle avait la voix rude ; elle laissait tomber jusqu'au bas du dos son épaisse chevelure d'un blond prononcé et portait un grand collier d'or ; sur son sein était serrée une tunique de diverses couleurs, et par-dessus s'attachait avec une agrafe une épaisse chlamyde. C'était là toujours son équipage ; mais alors, prenant en main une lance, afin de frapper tout le monde de terreur, elle parla en ces termes :

– L'expérience vous a montré combien la liberté diffère de la servitude, en sorte que, si quelqu'un de vous, auparavant, s'était, par ignorance du meilleur choix, laissé tromper

___

3. Aujourd'hui Colchester, au nord de la Tamise.

aux promesses employées par les Romains pour le séduire, aujourd'hui, du moins, l'épreuve de l'une et de l'autre vous a enseigné combien grande était votre erreur de préférer au gouvernement national une domination que vous vous êtes attirée vous-mêmes ; vous avez reconnu combien la pauvreté sans maître vaut mieux que la richesse avec l'esclavage. [...] C'est nous, s'il faut dire la vérité, c'est nous qui sommes cause de tous ces maux, nous qui, dans le principe, leur avons permis de mettre le pied sur cette île, au lieu de les chasser sur-le-champ comme leur fameux Jules César ; nous qui, lorsqu'ils étaient loin, ne leur avons pas fait craindre, comme à Auguste et à C. Caligula, de tenter la traversée. Car, ayant pour demeure une île d'une si vaste étendue, ou plutôt une sorte de continent baigné de tous côtés par les flots, possédant un monde à nous, tellement séparés de tout le reste des hommes par l'Océan qu'on nous croit habitants d'une autre terre, sous un autre ciel, et que plusieurs d'entre eux, même les plus savants, connaissaient à peine notre nom, nous avons été méprisés, foulés aux pieds par des gens qui ne voient rien que le lucre.

[...] Ne redoutez pas les Romains : ils ne sont ni plus nombreux ni plus vaillants que nous. La preuve, c'est qu'ils se protègent par des casques, des cuirasses, des cuissards, et qu'ils se sont préparé des palissades et des fossés pour se défendre des incursions de leurs ennemis. Ce sont des précautions dont ils s'entourent par crainte plutôt que de marcher résolument en avant comme nous. Il y a chez nous, en effet, tant de courage que nous croyons nos tentes plus sûres que leurs murailles, nos boucliers préférables à leurs armures. [...] Ils ont donc en cela une grande infériorité, et aussi en ce qu'ils ne supportent pas comme nous la faim, la soif, le froid, la chaleur, et qu'ils ont besoin d'ombre, d'abris, d'une nourriture apprêtée, de vin, d'huile, et que le manque d'une de ces choses cause leur perte ; au lieu que, pour nous, toute herbe, toute racine nous est nourriture ; tout suc nous est huile, toute eau nous est vin, tout arbre nous est maison. En outre, ces pays nous sont familiers et favorables ; pour eux, au contraire, ils sont inconnus et ennemis. Nous, nous traversons les fleuves nus et à la nage ; eux, ils ont peine à les passer sur des bateaux. Marchons donc contre eux, pleins de confiance en la bonne fortune, et montrons-leur qu'ils ne sont que des lièvres et des renards qui prétendent commander à des chiens et à des loups !

Après avoir harangué de la sorte son armée, Boudicca la mena contre les Romains, qui se trouvaient alors sans chef, attendu que Paulinus, leur général, était occupé à une expédition contre Mona, île située près de la Bretagne. Aussi fut-il aisé à Boudicca d'emporter deux villes romaines, de les piller et d'y faire un immense carnage ; il n'y eut pas de cruauté que ne souffrirent les hommes qui furent pris. Mais leur action la plus affreuse, la plus inhumaine, fut de pendre nues les femmes de la plus haute naissance et de la plus grande distinction, de leur couper les mamelles et de les leur coudre sur la bouche, afin de les leur voir manger ; après quoi, ils les empalèrent. Ces horreurs se commettaient au milieu de leurs sacrifices, de leurs festins et de leurs orgies, dans leurs temples et principalement dans le bois consacré à Adrastée : c'était le nom qu'ils donnaient à la Victoire, et ils lui rendaient un culte tout particulier.

Dion Cassius, *Histoire romaine*, 62, 3, 5-7

Les colons de Camulodunum massacrés, l'armée de Boudicca affronte la 9ᵉ légion de Petilius Cerialis, accourue à la rescousse, et la met en déroute. Revenu de Mona, Suetonius Paulinus s'apprête à reprendre la main.

Mais Suetonius, avec une admirable fermeté, perça au travers des ennemis et parvint à Londinium[4], qui, sans

4. Londres.

avoir le surnom distinctif d'une colonie, devait à une foule de négociants et de magasins une intense activité. Là, il se demanda s'il prendrait cette ville comme base d'opérations.

Mais, ayant considéré l'insuffisance des effectifs et la rude leçon qu'avait reçue la témérité de Petilius, il résolut de sacrifier une seule cité pour sauver la province entière. Ni les lamentations ni les larmes de ceux qui imploraient son secours ne purent le fléchir ni l'empêcher de donner le signal du départ, non sans admettre dans sa colonne ceux qui voulaient l'accompagner. Tous ceux qu'avaient retenus la faiblesse du sexe ou la fatigue de l'âge furent massacrés par l'ennemi.

Le même désastre frappa le municipe de Verulamium[5], car les barbares, laissant de côté les forts et les postes gardés par la troupe, se portaient vers des points qui offraient les plus riches dépouilles et manquaient de protection, joyeux du pillage et répugnant aux efforts. Près de 70 000 citoyens et alliés périrent dans les lieux que j'ai nommés, d'après la tradition admise. Car, loin de faire des prisonniers, de les vendre ou de se livrer à tout autre trafic de guerre, ce sont massacres, gibets, incendies, crucifixions que, sachant qu'ils subiraient un châtiment et voulant saisir une vengeance, ils se hâtaient d'effectuer.

Tacite, *Annales*, 14, 33

Suetonius tente de contenir la situation aussi longtemps qu'il le peut. Mais le harcèlement permanent de Boudicca le contraint à l'engagement final en 61.

Déjà Suetonius, avec la 14ᵉ légion, un détachement de la 20ᵉ et les auxiliaires des postes voisins, avait environ 10 000 hommes armés quand, sans tarder davantage, il

5. Saint-Albans.

s'apprête à livrer bataille. Et il choisit une gorge étroite, fermée en arrière par un bois, après s'être assuré qu'il n'y avait d'ennemis qu'en face et que la plaine découverte ne laissait craindre aucune embuscade.

En conséquence, les légionnaires en rangs serrés, l'infanterie légère des deux côtés, la cavalerie massée aux ailes prirent position. Quant aux Bretons, leurs troupes voltigeaient çà et là par groupes de fantassins et de cavaliers, plus nombreuses que jamais et animées d'une telle ardeur qu'ils traînaient aussi leurs femmes avec eux pour les rendre témoins de la victoire et les plaçaient sur des chariots, qu'ils avaient disposés à l'extrême bordure de la plaine.

Boudicca, montée sur un char avec ses filles devant elle, à mesure qu'elle arrivait devant chaque peuplade, attestait que, si les Bretons avaient coutume de combattre sous la conduite des femmes, elle venait, non pas comme reine issue des nobles dieux, réclamer son royaume et ses richesses, mais, comme une simple femme, venger sa liberté perdue, son corps accablé de coups, l'honneur de ses filles profané.

Tacite, Annales, 14, 34

Une prière en forme de harangue qui n'épargne pas Néron.

– Je te rends grâces, Adrastée ! dit-elle. Femme, j'invoque une femme, moi qui commande non aux portefaix d'Égypte, comme Nitocris, ou aux marchands d'Assyrie, comme Sémiramis (c'est des Romains que nous avons appris ces exemples), ou aux Romains eux-mêmes, comme jadis Messaline et ensuite Agrippine (aujourd'hui, Néron a bien un nom d'homme, mais, en réalité, c'est une femme ; et la preuve, c'est qu'il chante, qu'il joue de la lyre et s'occupe à se parer), mais à des hommes, à des Bretons, qui ne savent pas, il est vrai, cultiver la terre ou exercer un métier, mais qui ont parfaitement appris à faire la guerre et qui tiennent pour communs tous leurs biens, pour communs leurs enfants et leurs femmes, lesquelles ainsi ont autant de cœur que les hommes.

Reine de tels hommes et de telles femmes, je t'adresse mes vœux et je te demande la victoire, le salut et la liberté contre des hommes violents, injustes, insatiables, sacrilèges, si on doit appeler hommes des gens qui se baignent dans l'eau chaude, mangent des mets apprêtés avec recherche, qui boivent du vin pur, qui se frottent de parfums, qui ont une couche moelleuse, qui dorment avec des jeunes gens, et des jeunes gens hors d'âge, et qui sont les esclaves d'un joueur, et encore d'un méchant joueur de lyre.

Que désormais cette Néronis, cette Domitia ne règne plus sur moi ni sur vous, qu'elle soit, avec ses chants, la maîtresse des Romains (ils méritent bien d'être les esclaves d'une pareille femme puisqu'ils souffrent depuis si longtemps sa tyrannie), mais toi, ô notre maîtresse, puisses-tu toujours marcher seule à notre tête !

Dion Cassius, *Histoire romaine*, 62, 6

Conscient de la peur qu'inspire aux légionnaires l'armée de Boudicca, Suetonius Paulinus entreprend à son tour de galvaniser les troupes.

– Vous avez appris quelle a été à notre égard la conduite de ce peuple maudit, ou plutôt vous avez vu une partie des événements. Choisissez donc ou de subir le même sort et, de plus, d'être complètement chassés de la Bretagne, ou, en remportant la victoire, de venger les morts et de donner à tous les autres peuples l'exemple d'une bienveillante équité pour l'obéissance et d'une rigueur nécessaire pour la révolte. [...] Allons, camarades, allons, Romains, montrez à ces misérables combien, même dans le malheur, nous sommes supérieurs à eux ! Car ce serait une honte pour vous si des possessions acquises naguère par votre valeur, vous alliez les perdre ignominieusement aujourd'hui. Maintes fois, étant en moins grand nombre qu'aujourd'hui, vous avez, ainsi que vos pères, vaincu des ennemis beaucoup plus nombreux. Ne vous effrayez donc ni de la multitude ni du soulèvement de ces gens, car, sans armes et sans discipline, ils n'ont que l'audace de la témérité [...].

Après ces paroles et d'autres semblables, il éleva le signal du combat, et on en vint aux mains, les barbares avec de grands cris et des chants de menace, les Romains en silence et en bon ordre, jusqu'au moment où ils arrivèrent à la portée du trait. Alors, comme les ennemis commençaient à s'avancer lentement, les Romains, s'élançant tous à la fois, à un instant donné, fondirent sur eux avec vigueur et n'eurent pas de peine à enfoncer leurs rangs dans la mêlée ; mais, enveloppés par le nombre, ils combattirent de tous côtés à la fois.

La lutte présenta des aspects divers : ici, les soldats armés à la légère lancent des traits contre les soldats armés à la légère ; là, les soldats pesamment armés résistent aux soldats pesamment armés, la cavalerie charge la cavalerie, les archers romains sont aux prises avec les chars des barbares. Les barbares, en effet, avec leurs chars, s'élançant impétueusement contre les Romains, les culbutaient ; eux-mêmes, à leur tour, attendu qu'ils combattaient sans cuirasses, étaient repoussés par les flèches des archers ; un cavalier culbutait un fantassin, un fantassin renversait un cavalier ; des pelotons marchaient contre les chars, d'autres étaient dispersés par eux ; ceux-ci, en s'approchant des archers, les mettaient en fuite ; ceux-là s'en garaient de loin. Tout cela se passait pareillement non sur un seul point, mais de trois côtés à la fois. On lutta longtemps de part et d'autre avec la même ardeur et la même audace. À la fin pourtant, bien que tard, les Romains eurent l'avantage ; ils firent un grand carnage dans le combat, auprès des chars et de la forêt, et ils prirent vifs beaucoup de barbares.

Dion Cassius, *Histoire romaine*, 62, 9, 11-12

Le soldat n'épargnait pas même les femmes, et les bêtes de somme aussi, percées de traits, avaient grossi l'amoncellement des cadavres. Éclatante et comparable à celle de nos antiques victoires fut la gloire remportée en ce jour : en effet, d'après certains récits, près de quatre-vingt mille Bretons périrent, alors que nous eûmes environ quatre cents tués et à peine plus de blessés. Boudicca mit fin à sa vie par le poison[6].

Tacite, *Annales*, 14, 37, 1-2

Un nouveau procurateur est nommé, mais les dissensions internes entraînent quelques difficultés dans l'instauration d'une paix définitive qui n'interviendra pas avant l'an 63.

Cependant ces peuples très opiniâtres tardaient à incliner vers la paix, parce que Julius Classicianus, envoyé comme successeur à Catus, mais en désaccord avec Suetonius, faisait obstacle au bien public par ses initiatives privées et avait répandu le bruit qu'il fallait attendre un nouveau légat, qui, n'ayant ni la colère d'un ennemi ni l'orgueil d'un vainqueur, userait de clémence envers ceux qui se soumettraient. En même temps, il faisait savoir à Rome qu'il ne fallait pas compter sur la fin des combats tant que Suetonius ne serait pas remplacé, attribuant les revers à son incapacité, les succès à la fortune.

En conséquence, pour examiner la situation en Bretagne, Néron envoya l'un de ses affranchis, Polyclitus[7], dans le ferme espoir qu'il pourrait par son autorité non seulement faire naître un accord entre le légat et le procurateur, mais encore pacifier les esprits rebelles des barbares. Or Polyclitus, à la tête d'un immense cortège dont il avait fait sentir le poids à l'Italie et à la Gaule, ne manqua pas, après avoir traversé

6. D'après Dion Cassius, elle aurait succombé à une maladie (*Histoire romaine,* 62, 12, 6).

7. L'un des plus influents. Riche et détesté, il était le défenseur des marchands.

l'Océan, de rendre sa marche redoutable à nos soldats eux-mêmes. Mais il fut la risée des ennemis, chez qui brûlait encore le sentiment de la liberté et qui n'avaient pas connu jusqu'alors le pouvoir des affranchis ; et ils s'étonnaient de voir un chef et son armée, qui étaient venus à bout d'une telle guerre, obéir à des esclaves.

Cependant la situation fut présentée à l'empereur sous un jour assez favorable et Suetonius fut maintenu aux affaires. Mais, ayant perdu ensuite sur le rivage quelques navires avec leurs équipages de rameurs, comme si la guerre durait toujours, il reçoit l'ordre de remettre l'armée à Petronius Turpilianus, qui était déjà sorti du consulat. Celui-ci, sans provoquer l'ennemi ni subir son harcèlement, donna le nom honorable de paix à une indolente inaction.

Tacite, *Annales*, 14, 38, 3 – 39

LE COURONNEMENT DE POPPÉE

62-63

À *partir de 62, le principat de Néron glisse sur une pente funeste. Le préfet Burrus meurt. Cancer de la gorge ou poison, ou les deux à la fois, les avis divergent. Il est vrai que ses rapports avec Néron se sont sérieusement dégradés, le vieux soldat étant soupçonné de compromission dans un certain nombre d'intrigues. En outre, Burrus s'oppose depuis longtemps au projet de Néron d'épouser Poppée en répudiant Octavie.*

– Rends-lui donc aussi sa dot, c'est-à-dire l'empire !

Burrus, en effet, usait d'une si forte liberté dans son langage qu'interrogé un jour une seconde fois par Néron sur une affaire au sujet de laquelle il s'était déjà expliqué il répondit ouvertement au prince :

– Quand une fois j'ai dit mon sentiment, ne me le demande pas de nouveau.

Dion Cassius, *Histoire romaine*, 62, 13

La cité le regretta beaucoup et longtemps, en souvenir de sa valeur et en raison de ses successeurs, plongés, l'un dans une indolente innocence, l'autre dans les plus violents scandales. En effet, César avait mis deux préfets à la tête des cohortes prétoriennes, Faenius Rufus, porté par la faveur populaire, parce qu'il dirigeait le service du ravitaillement sans en tirer profit, et Ofonius Tigellinus, dont l'impudeur et l'infamie invétérées l'attiraient. Et ils eurent une action en rapport avec ce qu'on savait de leur caractère, Tigellinus plus puissant sur l'esprit du prince et associé à ses intimes débauches, Rufus estimé du peuple et des soldats, ce qui lui faisait éprouver l'hostilité de Néron.

La mort de Burrus brisa la puissance de Sénèque, car le parti de la vertu n'avait plus la même force quand, pour ainsi dire, un de ses chefs avait disparu et parce que Néron penchait vers les méchants. Ceux-ci lancent contre Sénèque des imputations variées, alléguant qu'il augmentait encore d'immenses richesses, excessives dans une condition privée, qu'il attirait à lui la faveur des citoyens et qu'il voulait aussi par l'agrément de ses jardins et la magnificence de ses villas surpasser le prince. Ils lui reprochaient encore de s'arroger à lui seul la gloire de l'éloquence et de composer des vers plus fréquemment depuis que Néron en avait pris le goût. Quant aux amusements du prince, il les critiquait ouvertement, lui refusant le mérite de bien conduire des chevaux et se moquant de ses intonations chaque fois qu'il chantait. Jusques à quand rien de brillant ne se fera-t-il dans l'État qui ne passe pour inventé par cet homme ? Assurément Néron était sorti de l'enfance et avait atteint la vigueur de la jeunesse. Qu'il se débarrasse de son précepteur, étant pourvu de maîtres assez prestigieux, ses propres aïeux[1].

Tacite, Annales, 14, 51, 2-3 – 52

Face à ces accusations, Sénèque joue la prudence et demande à Néron l'autorisation de se retirer.

– Il y a près de quatorze ans, César, que j'ai été attaché aux espérances que tu inspirais, il y en a huit que tu exerces le pouvoir. Pendant ce temps, tu as accumulé sur moi tant d'honneurs et de richesses qu'il ne manque rien à ma félicité, si ce n'est la mesure [...]. Moi, que pouvais-je offrir à ta munificence que des études nourries, pour ainsi dire, dans l'ombre, et qui reçoivent tout leur éclat de ce que je parais avoir soutenu les essais de ta jeunesse, salaire déjà élevé

---

1. Trait ironique.

pour ce que j'ai fait ? [...] Une seule excuse se présente, de n'avoir pas dû m'opposer à tes bienfaits [...].

Mais nous avons tous deux comblé la mesure, toi de ce qu'un prince peut accorder à son ami, moi de ce qu'un ami peut recevoir de son prince. Plus de bontés font grandir l'envie. Celle-ci, en vérité, comme tout ce qui est mortel, languit aux pieds de ta grandeur ; mais elle pèse sur moi, c'est à moi qu'il faut venir en aide. De même que, en campagne ou en voyage, fatigué, j'implorerais un appui, de même, en ce chemin de la vie, âgé et incapable des charges les plus légères, ne pouvant porter plus loin le poids de mes richesses, je demande un soutien. Ordonne qu'elles soient administrées par tes procurateurs, comprises dans ta fortune. Sans me réduire moi-même à la pauvreté, j'abandonnerai des biens dont l'éclat m'éblouit, et le temps consacré au soin des jardins ou des villas, je le rendrai à mon esprit. En toi surabonde la vigueur, ainsi que l'art, observé pendant tant d'années, d'exercer le pouvoir ; nous pouvons, tes vieux amis, réclamer le droit au repos. Ceci même tournera à ta gloire, d'avoir élevé aux sommets des hommes capables de supporter aussi une situation modeste.

Tacite, *Annales*, 14, 53, 2-5 – 54

Satisfait et inquiet tout à la fois, Néron fait mine de s'opposer à cette décision.

– Si parfois mon adolescence glisse hors du droit chemin, que ne m'y ramènes-tu en redoublant de zèle à diriger ma vigueur étayée de ton appui ? Ce n'est pas ta modération, si tu renonces à la fortune, ni ta retraite, si tu quittes le prince, c'est mon avarice, c'est la crainte de ma cruauté qui seront dans toutes les bouches. Si ton désintéressement recevait les plus grands éloges, il n'en serait pas moins indigne d'un sage de perdre un ami de réputation, pour en tirer de la gloire.

À ces paroles il ajoute un embrassement et des baisers, étant formé par la nature et exercé par l'habitude à voiler sa haine sous de trompeuses caresses. Sénèque – ainsi se terminent tous les entretiens avec un maître – lui rend grâces. Mais il rompt avec les habitudes de son pouvoir passé : il interdit qu'on vienne le saluer en foule ; il évite les cortèges ; il se montre peu dans la Ville, sous prétexte qu'un mauvais état de santé ou l'étude de la philosophie le retenaient chez lui.

Tacite, *Annales,* 14, 56

C'est ainsi que Sénèque, à l'âge de 65 ans, s'éloigne du pouvoir, laissant derrière lui le rêve brisé d'un prince idéal. Dès lors, Néron se livre entièrement à son mauvais génie, Tigellinus. Celui-ci flatte les peurs de son maître et le pousse au crime.

Devenu plus fort de jour en jour et persuadé que sa scélératesse, unique source de sa puissance, serait plus agréable au prince s'il l'associait étroitement à ses crimes, Tigellinus épie les craintes de l'empereur. Et, ayant reconnu qu'il redoutait surtout Plautus[2] et Sulla, relégués naguère, Plautus en Asie, Sulla en Gaule narbonnaise, il lui rappelle leur noblesse et la proximité des armées, celles d'Orient pour l'un, de Germanie pour l'autre. Il ne visait pas, lui, comme Burrus, des espérances contradictoires, mais seulement la sécurité de Néron. Celui-ci pouvait éviter, tant bien que mal, les complots de la Ville par une action immédiate ; mais les soulèvements lointains, de quelle manière pouvait-on les supprimer ? [...] Sulla était pauvre – principale cause de hardiesse – et il simulait l'indolence en attendant l'occasion de la témérité ; Plautus, avec sa grande richesse, n'affectait même pas le désir du repos, mais se targuait d'imiter les

2. En 55, Agrippine avait été accusée de comploter dans l'intention de placer Rubellius Plautus sur le trône.

vieux Romains, adoptant même l'arrogance des stoïciens et l'esprit d'une secte qui faisait des séditieux et des ambitieux. On n'attendit pas davantage : en six jours, des meurtriers gagnent Marseille, et, avant la moindre crainte ou rumeur, Sulla est assassiné, au moment de se mettre à table. On apporta sa tête à Néron, qui s'en moqua, la trouvant enlaidie par la blancheur prématurée de la chevelure.

Tacite, *Annales*, 14, 57

Quant à Rubellius Plautus, âgé d'à peine 30 ans, Tigellinus l'accuse faussement de conspirer avec Corbulon pour prendre la tête d'une rébellion avec l'aide de l'armée d'Orient. On décide d'envoyer une troupe de soixante soldats pour l'éliminer. Bien qu'averti du danger, Plautus ne fait rien pour se protéger.

Néron se faisait des maux de ses parents un sujet de rires et de plaisanteries. C'est ainsi qu'ayant ordonné de mettre à mort Plautus, quand on lui apporta sa tête, il dit à cette vue :

– Je ne savais pas qu'il eût un grand nez !

Comme pour marquer qu'il l'eût épargné s'il eût connu cette particularité.

Dion Cassius, *Histoire romaine*, 62, 13

– Que ma mère vienne maintenant et qu'elle embrasse mon successeur !

Pour faire entendre qu'Agrippine le chérissait et l'avait poussé à espérer l'empire.

Suétone, *Néron*, 35, 8

Cependant, il envoya un message au Sénat, où, sans rien avouer du meurtre de Sulla et de Plautus, il reprochait à l'un et à l'autre leur esprit séditieux et déclarait veiller avec grand soin au salut de l'État. On décréta, à ce titre,

des supplications, et on décida d'exclure Sulla et Plautus
du Sénat – par une dérision encore plus accablante que
leurs malheurs.

Tacite, *Annales*, 14, 59, 4

Ainsi conforté par le Sénat, Néron se décide enfin à divorcer
d'Octavie. Onze jours après, il épouse Poppée. Mais le prétexte de la
stérilité avancé pour éloigner Octavie ne suffit pas à Poppée.

Celle-ci, depuis longtemps concubine de Néron et toute-
puissante sur celui qui d'amant était devenu son mari, poussa
un serviteur d'Octavie à l'accuser d'aimer un esclave. Et l'on
choisit, pour en faire un coupable, un nommé Eucaerus, natif
d'Alexandrie, habile à jouer de la flûte. Les servantes furent
mises à la question sur ce point, et, si certaines, vaincues
par la torture, acquiescèrent aux mensonges, la plupart
persistèrent à défendre la chasteté de leur maîtresse ; l'une
d'elles, pressée par Tigellinus, lui répondit que les parties
sexuelles d'Octavie étaient plus chastes que sa bouche à
lui. Elle est éloignée cependant, d'abord sous le couvert
d'un divorce privé, en recevant la maison de Burrus et les
domaines de Plautus, don sinistre. Puis elle fut expulsée en
Campanie, sous surveillance militaire.

Tacite, *Annales*, 14, 60, 2-4

La plèbe, qui vénère la vertueuse Octavie, proteste ouvertement
contre cette infâme calomnie, si bien que la rumeur de son retour
se propage.

Alors, pleine d'allégresse, la foule monte au Capitole et
vénère enfin les dieux. Elle renverse les effigies de Poppée,
porte sur ses épaules les images d'Octavie, les couvre de
fleurs, les place au forum et dans les temples. On va même
jusqu'à chanter les louanges du prince, en poussant des
cris d'adoration. Et déjà le Palatin était plein de gens et

de clameurs quand des pelotons de soldats, lâchés dans la foule, à coups de fouet et le fer en avant, la chassèrent en désordre.

Alors se retourna la situation créée par l'émeute, et les honneurs de Poppée furent rétablis. Elle, rendue toujours féroce par la haine et alors aussi par la crainte de voir soit la violence de la multitude s'exaspérer et se déchaîner, soit Néron suivre le penchant du peuple et changer de sentiments, se jette à ses genoux et déclare qu'elle n'est plus en état de lutter pour son mariage, qui lui est pourtant plus cher que la vie, mais que sa vie même est mise dans un péril extrême par les clients et les esclaves d'Octavie, qui, usurpant le nom de plèbe, ont osé faire en pleine paix ce qui arriverait en guerre. C'est contre le prince qu'on a pris, cette fois, les armes ; seul a manqué un chef, qui, en cas de révolution, serait facile à trouver : elle qui n'aurait qu'à quitter la Campanie et gagner la Ville en personne, celle dont un geste suffit, même en son absence, à provoquer des soulèvements.

Tacite, Annales, 14, 61, 1-3

Ce discours effraie Néron. La fiction de l'adultère avec un esclave joueur de flûte n'étant plus crédible, il demande une nouvelle fois au fidèle Anicetus, qui s'était illustré dans le meurtre d'Agrippine, de venir à son secours.

César le fait donc venir et lui rappelle son premier service : lui seul avait assuré le salut du prince contre la traîtrise de sa mère ; le moment était venu de mériter une reconnaissance non moins grande en le débarrassant d'une épouse ennemie. Ni son bras ni son arme n'étaient nécessaires ; il suffisait d'avouer un adultère avec Octavie. Il lui promet des récompenses, pour l'instant secrètes sans doute, mais importantes, et des retraites agréables, ou, s'il refusait, la menace de mort. L'autre, poussé par une perversité naturelle et par l'entraînement de ses premiers crimes, ment au-delà même de ce qu'on lui avait prescrit et s'avoue coupable devant ses amis que le prince avait réunis en une sorte de conseil. Alors il est expulsé en Sardaigne, où il subit un exil opulent et termina sa vie.

Tacite, *Annales*, 14, 62, 3-4

Octavie est reléguée dans l'île de Pandateria.

Ainsi, une jeune femme, dans sa vingtième année[3], au milieu de centurions et de soldats, déjà arrachée à la vie par le pressentiment de ses malheurs, ne trouvait cependant pas encore le repos dans la mort. Après un délai de quelques jours, elle reçoit l'ordre de mourir. Elle eut beau protester qu'elle était déjà veuve et seulement sœur du prince, prendre à témoin leurs ancêtres communs, les Germanicus, et jusqu'au nom d'Agrippine, qui, de son vivant, lui avait imposé un mariage malheureux certes, mais non le trépas, on la garrotte, on lui ouvre les veines de tous les membres, et, comme le sang, refoulé par l'effroi, coulait trop lentement, on la met dans un bain bouillant, dont la vapeur l'étouffe. Et, par une cruauté plus affreuse, sa tête, coupée et portée dans la Ville, fut exposée aux yeux de Poppée. Les offrandes aux temples, décrétées à cette occasion, jusqu'à quand aurons-nous à les rappeler ? Tous ceux qui connaîtront les malheurs de ce temps par nous ou d'autres auteurs doivent savoir d'avance que, chaque fois que le prince ordonna des exils et des meurtres, autant de fois des actions de grâces furent rendues aux dieux et que ce qui marquait jadis nos succès fut alors le signe des calamités publiques.

Tacite, *Annales*, 14, 64

3. En réalité, elle devait avoir 22 ou 23 ans.

L'ambitieuse Poppée Sabina a enfin atteint son but, devenir
impératrice. Le 21 janvier 63, elle donne une fille à Néron.

Poppée mit au monde une fille, que Néron accueillit avec
une joie plus qu'humaine. Il l'appela Augusta et donna le
même surnom à Poppée. L'accouchement eut lieu dans la
colonie d'Antium, où lui-même était né. Déjà le Sénat avait
recommandé aux dieux la grossesse de Poppée et prononcé
des vœux au nom de l'État ; ils furent multipliés et exécutés.
On y ajouta des supplications, un temple de la Fécondité
et un concours à l'image des cérémonies d'Actium[4], et l'on
décida que des statues en or des deux Fortunes[5] seraient
placées sur le trône de Jupiter Capitolin et que les jeux du
cirque institués à Bovillae en l'honneur de la famille Julia
seraient donnés aussi à Antium pour les familles Claudia
et Domitia. Ces mesures devinrent caduques, l'enfant étant
morte avant l'âge de quatre mois. De là surgirent de nouvelles
adulations, le vote des honneurs divins, d'un coussin sacré,
d'un temple et d'un prêtre ; quant à Néron, de même que
son allégresse, son chagrin fut démesuré.

Tacite, *Annales*, 15, 23, 1-3

Est-ce pour chasser sa tristesse que Néron s'empresse de revenir
à sa vraie passion, la scène ? Il lui tarde de concrétiser son projet
artistique, estimant que, jusque-là, trop peu de gens ont pu profiter
de son talent.

N'osant pas toutefois débuter à Rome, il choisit Naples
en qualité de ville grecque. Il y ferait ses débuts, pour passer
ensuite en Achaïe, où il obtiendrait les fameuses couronnes
que l'Antiquité a consacrées et d'où il reviendrait avec une
réputation accrue, qui soulèverait les applaudissements de

---

4. Célébrées tous les cinq ans pour commémorer la victoire
d'Octave en 31 av. J.-C.
5. De la guerre et de la paix.

ses concitoyens. En conséquence, les habitants de la ville, rassemblés en foule, ceux des colonies et municipes voisins, attirés par le bruit de l'événement, et ceux qui s'attachent aux pas de César pour l'honorer ou s'assurer divers services, et même des manipules de soldats, remplissent le théâtre de Naples.

Tacite, *Annales*, 15, 33, 2-3

Ce fut à Naples qu'il débuta et, quoiqu'un tremblement de terre eût tout à coup ébranlé le théâtre, il ne cessa de chanter qu'après avoir terminé son morceau. Il s'y fit entendre maintes fois et pendant plusieurs jours ; bien mieux, comme il prenait un moment de repos pour refaire sa voix, ne pouvant supporter cette solitude, il revint au théâtre au sortir du bain et, dînant au milieu de l'orchestre, en présence d'une foule considérable, il lui promit en grec « de faire retentir quelque chose de bien plein, sitôt qu'il aurait un peu bu ».

Suétone, *Néron*, 20, 3-4

Et peu de temps après, renonçant momentanément à l'Achaïe – pour des raisons qui restèrent incertaines –, il regagna Rome, l'imagination secrètement occupée par les provinces d'Orient et surtout par l'Égypte. Puis, après avoir attesté dans un édit que son absence ne serait pas longue et que la tranquillité et la prospérité de l'État n'en seraient nullement altérées, à l'occasion de ce départ, il monta au Capitole. Là, il adora les dieux ; mais, étant entré aussi dans le temple de Vesta, il se mit soudain à trembler de tous ses membres, soit que la déesse l'eût épouvanté, soit que le souvenir de ses crimes ne le laissât à l'abri de la crainte, et il abandonna son projet, ne cessant de répéter que tous ses désirs avaient pour lui moins de poids que l'amour de la patrie.

Tacite, *Annales*, 15, 36, 1-2

Joignant en quelque sorte le geste à la parole, Néron offre au peuple de nouveaux plaisirs inouïs (usant, comme le dit Tacite, « de la Ville entière comme de sa demeure »), dont les excès rapportés sont tels qu'ils suscitent parfois l'incrédulité.

Néron avait si peu de retenue qu'il conduisait des chars en public. Un jour, après avoir tué des bêtes sauvages, il fit tout à coup arriver de l'eau dans l'amphithéâtre et y représenta un combat naval ; puis, ayant retiré l'eau, il y donna un combat de gladiateurs ; enfin, ramenant l'eau de nouveau, il offrit au peuple un festin somptueux. Tigellinus fut nommé ordonnateur du festin, dont tous les apprêts avaient été faits avec une grande magnificence. En voici, du reste, les dispositions. Au milieu de l'amphithéâtre et sur l'eau avaient été d'abord placés de grands tonneaux en bois, sur lesquels étaient fixées des planches. À l'entour on avait construit des cabarets et des maisons de débauche, de sorte que Néron, Tigellinus et leurs convives occupaient le milieu, se livrant à la bonne chère sur des tapis de pourpre et de moelleux coussins, tandis que tous les autres assistants contentaient leurs caprices dans les cabarets.

Les hommes entraient dans les lupanars et jouissaient à leur aise de toutes les femmes, sans distinction, qui s'y tenaient assises : c'étaient les femmes les plus belles et les plus remarquables, esclaves, libres, courtisanes, vierges, femmes mariées. Non seulement des filles et des femmes du peuple, mais encore des plus nobles familles. Chacun avait la liberté de prendre à son gré celle qui lui plaisait, car il ne leur était permis de refuser qui que ce fût. Aussi la foule, composée de la lie du peuple, buvait avec excès et se portait ensuite à une insolence brutale : un esclave jouissait de sa maîtresse en présence de son maître ; un gladiateur, d'une jeune fille noble sous les yeux de son père. Il y eut aussi des altercations, des coups, des désordres honteux de la part non seulement de ceux qui entraient, mais encore de ceux qui se tenaient en dehors ;

et, par suite, il y eut mort d'hommes et de femmes, dont les unes furent étouffées, les autres écharpées.

Dion Cassius, *Histoire romaine*, 62, 15

Le prince lui-même, souillé de toutes les voluptés licites et illicites, aurait semblé n'avoir négligé aucune honte qui pût accroître sa dépravation si, quelques jours après, il n'avait pris, dans ce troupeau de dévoyés, un individu, nommé Pythagoras, pour l'épouser avec toutes les solennités du mariage : on mit sur la tête de l'empereur le voile sacré ; on fit prendre les auspices ; il y eut dot, lit nuptial et flambeaux d'hyménée ; tout enfin fut offert en spectacle, même ce que, dans le cas d'une femme, la nuit couvre de son ombre.

Tacite, *Annales*, 15, 37, 4

Il aurait même fait subir les derniers outrages à la vestale Rubria…

Plus soucieuse de sa position glorieuse que des questions morales, Poppée laisse volontiers Néron satisfaire ses penchants sexuels les plus délirants, qu'il s'agisse de jeunes gens ou de femmes mariées. Mais il est vrai que, si la bisexualité est toujours présentée comme une faute morale par les chroniqueurs de l'Antiquité, il n'en reste pas moins qu'elle semble avoir été largement répandue dans les mœurs du temps.

Personnellement, il prostitua sa pudeur à un tel point qu'après avoir souillé presque toutes les parties de son corps il imagina enfin cette nouvelle sorte de jeux : vêtu d'une peau de bête féroce, il s'élançait d'une cage, se précipitait sur les parties naturelles d'hommes et de femmes liés à un poteau, puis, après avoir assouvi sa lubricité, se livrait, pour finir, à son affranchi Doryphore[6], [...] allant jusqu'à

6. Selon certains experts – mais rien n'est avéré –, Pythagoras et Doryphore ne seraient qu'une seule et même personne.

imiter les cris et les gémissements des vierges auxquelles on fait violence. À ce que je tiens de plusieurs personnes, il était absolument persuadé que « nul homme ne respectait la pudeur et ne conservait pure aucune partie de son corps, mais que la plupart dissimulaient ce vice et le cachaient avec adresse », ce qui lui faisait tout pardonner aux gens qui avouaient leur impudicité.

Suétone, *Néron*, 29

LE GRAND INCENDIE

64

Alors survient une catastrophe – fût-elle due au hasard ou à la malignité du prince, on ne sait, car les deux versions ont eu des garants. En tout cas, de toutes celles que fit subir à notre ville la violence des flammes, il n'y en eut pas de plus grave et de plus horrible.

Tacite, *Annales*, 15, 38, 1

C'est ainsi que Tacite introduit le récit du grand incendie de Rome qui éclate dans la nuit du 18 au 19 juillet 64 et qui dure plus d'une semaine. De tous les historiens antiques, Tacite est le seul à présenter objectivement les deux hypothèses. D'autres chargent Néron sans retenue.

Il eut le désir d'exécuter un dessein qui avait toujours été l'objet de ses vœux, celui de ruiner de son vivant Rome tout entière et l'Empire ; car il enviait à Priam[1] le rare bonheur d'avoir assisté à la destruction de sa patrie et de son royaume. Il envoya en sous main quelques hommes qui, comme s'ils eussent été ivres ou prêts à faire un mauvais coup quelconque, mirent d'abord, les uns ici, les autres là, le feu en un, en deux endroits et plus ; de sorte que les habitants furent très perplexes, sans pouvoir découvrir la cause première de ce malheur ni y mettre fin, voyant et entendant une foule de choses étranges.

Dion Cassius, *Histoire romaine*, 62, 16

1. Roi mythique de Troie au moment de la guerre de Troie.

En effet, sous prétexte qu'il était choqué par la laideur des anciens édifices, par l'étroitesse des rues, il incendia Rome. Il se cacha si peu que plusieurs consulaires ayant surpris dans leur propriété des esclaves de sa chambre avec de l'étoupe et des torches n'osèrent porter la main sur eux, et que des magasins de blé, occupant près de la Maison Dorée[2] un terrain qu'il convoitait vivement, furent abattus par des machines de guerre parce qu'ils étaient construits en pierre de taille, et incendiés.

Suétone, *Néron*, 38, 3

Mais revenons aux faits.

Le feu prit d'abord dans la partie du cirque contiguë aux monts Palatin et Caelius ; là, grâce aux boutiques remplies de marchandises qui alimentent la flamme, violent dès sa naissance et poussé par le vent, il dévora toute la longueur du cirque, car il n'y avait ni demeures entourées de fortes clôtures, ni temples ceints de murs, rien enfin qui pût ralentir sa marche. Dans son élan, l'incendie parcourut d'abord les parties planes, puis s'élança vers les hauteurs, et, de nouveau, ravagea les quartiers bas, devançant les remèdes par la rapidité du mal et trouvant une proie facile dans la Ville aux ruelles étroites et tortueuses, aux immeubles mal alignés, telle que fut la Rome d'autrefois.

De plus, les lamentations des femmes épouvantées, la débilité de l'âge ou l'inexpérience de l'enfance, ceux qui songeaient soit à eux-mêmes soit à autrui, en traînant les faibles ou en les attendant, les uns par leur retard, les

2. Il s'agit en fait du terrain où s'élèvera la future *Maison Dorée* qui, après le grand incendie, remplacera le *Domus Transitoria*, la Maison du Passage, s'étendant du Palatin à l'Esquilin. Dans cet extrait, Suétone ne s'embarrasse d'aucune précaution pour accuser Néron. La destruction de certains bâtiments peut s'expliquer aussi par la nécessité d'établir des zones coupe-feu.

autres par leur précipitation, bloquaient tout. Et souvent, en regardant derrière soi, on était assailli sur les côtés ou par-devant ; ou bien, si l'on avait réussi à s'échapper dans les quartiers voisins, ils devenaient aussi la proie des flammes, et ceux mêmes qu'on avait crus éloignés, on les trouvait dans le même état.

Enfin, ne sachant plus ce qu'il fallait éviter ou rechercher, on se met à remplir les rues, à s'étendre à travers champs ; certains, ayant perdu toute leur fortune, de quoi subvenir même aux besoins du jour, d'autres, par tendresse pour ceux des leurs qu'ils n'avaient pu arracher aux flammes, négligeant le chemin du salut, succombèrent. Et personne n'osait combattre l'incendie, devant les menaces réitérées de ceux qui, en grand nombre, défendaient de l'éteindre, et parce que d'autres lançaient ouvertement des torches, en s'écriant qu'on les y incitait, soit pour exercer leurs rapines avec plus de licence, soient qu'ils aient agi par ordre.

Tacite, *Annales*, 15, 38, 2-7

Beaucoup de maisons furent détruites faute de secours, beaucoup aussi furent incendiées par ceux mêmes qui venaient porter de l'aide ; car les soldats et, entre autres, les vigiles, ne songeant qu'au pillage, au lieu d'éteindre le feu, l'excitaient au contraire.

On n'avait d'autre spectacle que celui d'un immense brasier, comme dans un camp. On n'entendait répéter que ces mots :

– Le feu est ici, le feu est là ! Où ? Comment ? Quel est l'auteur ? Au secours !

C'étaient des clameurs et des hurlements incessants d'enfants, de femmes, d'hommes, de vieillards, au point que la fumée et les cris empêchaient de rien distinguer et de rien comprendre ; aussi pouvait-on voir des personnes demeurées immobiles, sans voix, comme frappées de stupeur.

Pendant ce temps, beaucoup qui emportaient leurs meubles, beaucoup qui enlevaient ceux des autres, s'entre-heurtaient et se trompaient de mobilier. Ils ne pouvaient ni rester en place ni avancer, ils poussaient et étaient poussés, ils renversaient et étaient renversés. Plusieurs étaient asphyxiés, plusieurs étaient écrasés, en sorte qu'il ne manquait aucun des malheurs qui peuvent survenir à l'homme dans une pareille calamité. En effet, on ne parvenait pas facilement à trouver un refuge. Et, si quelqu'un avait la chance d'échapper sur le moment, il tombait dans un autre embarras où il périssait.

Dion Cassius, *Histoire romaine*, 62, 17-16

Le fléau se déchaîna pendant six jours et sept nuits, obligeant le peuple à chercher un gîte dans les monuments publics et dans les tombeaux. Alors, outre un nombre infini de maisons de rapport, les flammes dévorèrent les habitations des généraux d'autrefois, encore parées des dépouilles ennemies, les temples des dieux, voués et consacrés par les rois, puis lors des guerres contre Carthage et contre les Gaulois, enfin tous les monuments curieux et mémorables qui restaient du passé.

Suétone, *Néron*, 38, 4-5

Et Néron ?

Pendant ce temps, Néron séjournait à Antium, et il ne rentra dans la Ville qu'au moment où le feu approchait de la maison qu'il avait fait construire pour relier le Palatin aux jardins de Mécène. On ne put toutefois l'arrêter avant que le Palatin, la maison et tous les alentours fussent dévorés. Cependant pour soulager le peuple expulsé et fugitif, il fit ouvrir le Champ de Mars, les monuments d'Agrippa et jusqu'à ses propres jardins, et fit construire à la hâte des baraquements pour recueillir la foule des indigents. On amena des subsistances d'Ostie et des municipes voisins, et le prix du blé fut abaissé jusqu'à trois sesterces le boisseau. Mais

ces mesures, quoique tendant à la popularité, manquaient leur
effet parce que le bruit s'était répandu que, au moment même
où la Ville flambait, le prince était monté sur la scène de son
théâtre privé et avait chanté la ruine de Troie, en comparant
les malheurs présents aux catastrophes antiques.

Tacite, *Annales*, 15, 39

Néron contemplait cet incendie du haut de la tour de
Mécène et, charmé, disait-il, « par la beauté des flammes »,
il chanta la prise d'Ilion[3] dans son costume de théâtre.

Suétone, *Néron*, 38, 6

*Quel crédit accorder à cette image stupéfiante, qui a traversé les
siècles, d'un empereur fantasque dominant les flammes avec sa lyre ?
Trop belle pour être vraie ? Ou absolument grotesque, digne d'un péplum
en technicolor ?... Tacite évoque une rumeur, Suétone et Dion Cassius,
eux, l'accréditent. Quel fait anecdotique, alors, a bien pu fonder cette
scène mythique ? Néron, dont on connaît la sensibilité artistique et
le goût de l'emphase, a peut-être bien murmuré quelques vers devant
son entourage pour souligner l'impression que lui produisait la vue
d'un tel désastre. Mais on a peine à croire qu'il se soit saisi de sa lyre
pour déclamer, du haut du Palatin en flamme, un long poème épique
de sa façon, alors que les circonstances commandaient de combattre le
sinistre, ce qu'il semble avoir fait. Quoi qu'il en soit, la rumeur s'est
propagée jusqu'à brosser la caricature d'un prince poète à moitié fou,
se divertissant du malheur de Rome, fût-ce en termes tragiques, pour
mieux le honnir encore. À dire vrai, nous ne saurons jamais quelle
part revient à la réalité ou à la légende.*

Le sixième jour, enfin, on stoppa l'incendie au bas des
Esquilies, en abattant les édifices sur un immense espace, afin
d'opposer à sa violence continue une plaine dénudée et, pour
ainsi dire, le vide du ciel. Mais la crainte n'était pas encore

3. Troie.

dissipée, et le peuple n'avait pas retrouvé l'espoir quand le feu reprit sa marche, dans les quartiers plus ouverts. Aussi y eut-il moins de pertes humaines, mais les sanctuaires des dieux et les portiques consacrés à l'agrément laissèrent de plus vastes ruines. Et ce nouvel incendie provoqua plus de soupçons, parce qu'il avait jailli dans une propriété de Tigellinus au quartier Émilien, et l'on pensait que Néron recherchait la gloire de fonder une ville nouvelle et de lui donner son nom.

Tacite, *Annales*, 15, 40

Il désirait éterniser, perpétuer sa mémoire, mais c'était une ambition irraisonnée. Voilà pourquoi, retirant à une foule de choses et de lieux leurs anciens noms, il leur en donna d'autres tirés du sien [...]. Il avait même projeté de donner à Rome le nom de Néropolis.

Suétone, Néron, 55

À Rome, c'est l'ère du soupçon, et les historiens du temps s'en font l'écho avec complaisance. Ceux d'aujourd'hui concluent leurs recherches de manière plus nuancée et disculpent Néron de toute responsabilité dans ce drame. Et cela paraît raisonnable, car, si l'on confronte les faits au récit qu'en font Suétone ou Tacite – et ce dernier est le plus mesuré –, on constate que l'interprétation de ces faits est systématiquement défavorable à Néron.

À Rome, les incendies sont fréquents. Dans cette ville de près d'un million d'habitants, à l'urbanisme serré où dominent les constructions en bois, le feu se propage rapidement. Rappelons que Néron est en vacances à 50 kilomètres de là lorsque l'incendie éclate. Dès son retour à Rome, il prend les mesures de sauvegarde nécessaires et s'active au milieu de la population – on estime que 200 000 personnes ont perdu leur logis.

Par ailleurs, pourquoi aurait-il détruit une ville entière, lui qui était si soucieux de sa popularité ? Quel intérêt aurait-il eu à

*faire brûler sa propre maison dont la construction avait demandé
tant d'efforts ? À faire disparaître toutes les richesses et les œuvres
d'art qu'il y avait accumulé ? Et, quand on « abat des édifices
sur un immense espace », n'est-ce pas pour stopper la progres-
sion du feu ? Enfin, pourquoi incendier la villa de Tigellinus, son
fidèle conseiller ? Quant aux vigiles chargés de la sécurité, il est
vrai que certains se comportent admirablement quand d'autres se
livrent à un pillage éhonté, justifiant leurs actes par de prétendus
« ordres », ainsi que le souligne honnêtement Tacite. Et, lorsque
Néron propose de déblayer la ville gratuitement, cela lui vaut une
autre perfidie de Suétone :*

Et, pour ne pas manquer même cette occasion de ramasser
autant de butin et de dépouilles qu'il le pourrait, il promit
de faire enlever gratuitement les cadavres et les décombres
et ne laissa personne approcher des restes de ses biens.

Suétone, *Néron*, 38, 7

*En cet été 64, chaud, sec et venteux, Rome a bien été la
proie d'une véritable tempête de feu, dont l'origine est sans doute
accidentelle. Il est vrai que Néron s'est empressé d'annoncer
de monumentaux projets d'urbanisme, notamment pour lui-
même. Sans doute ceci contribue-t-il à conforter la rumeur de
sa culpabilité.*

*Pour reconstruire sa demeure, Néron fait appel à Celer et
Severus, deux architectes d'une grande audace. S'étendant du
Palatin à l'Esquilin, cette résidence démesurée est appelée couram-
ment la Maison Dorée. Mais cela peut s'entendre aussi comme la
Maison de l'Âge d'or, un palais d'inspiration égyptienne, dédié
au Soleil, symbolisant l'avènement d'une nouvelle ère que Néron
semble appeler de ses vœux.*

Dans son vestibule on avait pu dresser une statue colossale
de Néron, haute de cent vingt pieds[4]. La demeure était

---

4. Un peu plus de 30 mètres.

si vaste qu'elle renfermait des portiques à trois rangs de colonnes, longs de mille pas, une pièce d'eau semblable à une mer, entourée de maisons formant comme des villes, et par surcroît une étendue de campagne, où se voyaient à la fois des cultures, des vignobles, des pâturages et des forêts, contenant une multitude d'animaux domestiques et sauvages de tout genre.

Dans le reste de l'édifice, tout était couvert de dorures, rehaussé de pierres précieuses et de coquillages à perles. Le plafond des salles à manger était fait de tablettes d'ivoire mobiles et percées de trous, afin que l'on pût répandre d'en haut sur les convives soit des fleurs soit des parfums. La principale était ronde et tournait continuellement sur elle-même, le jour et la nuit, comme le monde. Dans les salles de bain coulaient les eaux de la mer et celles d'Albula. Lorsqu'un tel palais fut achevé et que Néron l'inaugura, tout son éloge se réduisit à ces mots :

– Je vais enfin commencer à être logé comme un homme !

Suétone, *Néron*, 31, 2-4

Néron couvre le nouveau palais de fresques représentant des personnages mythiques ou fantastiques. Il n'est pas surprenant que Dionysos y occupe une place de choix. Dans un style qui tourne le dos au classicisme « augustéen », ce ne sont qu'arabesques, motifs fantaisistes et merveilleux. Pour réaliser son programme décoratif révolutionnaire – qui, d'ailleurs ne lui survivra pas –, il s'attache les services du peintre Famulus.

Tout récemment vécut aussi le peintre Famulus, au style digne et sévère tout en étant éclatant et fluide. De sa main était une Minerve, qui, de quelque côté qu'on la contemplât, avait le regard dirigé vers le spectateur. Il ne peignait que quelques heures par jour, et cela avec dignité, car, même sur son échafaudage, il était toujours revêtu de sa toge. La

Maison Dorée fut la prison de son art : aussi n'existe-t-il guère ailleurs d'ouvrages de ce peintre.

Pline l'Ancien, *Histoire naturelle*, 35, 37, 120

Ouvrons le Satiricon *de Pétrone. Cet homme de lettres, que nous retrouverons plus tard dans des circonstances tragiques, est un familier de la cour de Néron, où il devient même une sorte d'ordonnateur des fêtes et des plaisirs. Le chapitre consacré par Pétrone au banquet de Trimalcion en dit long sur les mœurs de la société néronienne. Même si le parvenu Trimalcion n'est pas forcément le double de Néron, il est tentant de voir, entre les lignes, une évocation de l'atmosphère régnant à la Maison Dorée. Après s'être extasié sur les fresques mythologiques ornant les murs de la demeure de Trimalcion, l'un des convives relate un moment de ces étonnantes agapes.*

Nous vîmes entrer une troupe de comédiens, et tout aussitôt les lances frappèrent contre les boucliers. Trimalcion lui-même s'assit sur un coussin et, tandis que les homéristes dialoguaient en vers grecs, suivant leur insupportable habitude, il lisait en chantonnant le texte latin. Peu après, ayant fait faire silence :

– Savez-vous, dit-il, quelle pièce ils sont en train de jouer ? Diomède et Ganymède étaient deux frères. Ils avaient pour sœur Hélène. Agamemnon l'enleva et offrit à sa place une biche à Diane. C'est ainsi qu'Homère raconte maintenant comment les Troyens et les Parentins sont en guerre. Agamemnon naturellement fut vainqueur et donna Iphigénie, sa fille, pour épouse à Achille. C'est pour cela qu'Ajax est furieux. Du reste, dans une minute, l'argument va vous l'expliquer.

À peine Trimalcion avait-il achevé que les homéristes poussèrent une clameur et, au milieu de la valetaille affairée, on apporta sur un plateau qui pesait bien deux cents livres un veau bouilli et, qui mieux est, le casque sur la tête.

Derrière vint un Ajax qui, l'épée nue, l'air d'un furieux, se mit à le tailler en pièces. Après s'être ainsi escrimé d'estoc et de taille, il recueillit à la pointe du glaive les morceaux qu'il distribua aux convives émerveillés.

Nous n'eûmes pas le loisir d'examiner longtemps ces élégantes figures, car soudain le plafond se mit à craquer et le triclinium[5] tout entier trembla. Frappé de consternation, je me dressai sur mes pieds : j'avais peur de voir descendre par le toit quelque équilibriste. Les autres convives non moins étonnés que moi levèrent la tête, attendant la nouveauté que le ciel semblait leur annoncer. Et voici que soudain le plafond s'ouvre, et l'on voit descendre un immense cerceau, enlevé selon toute vraisemblance à quelque énorme barrique, qui portait suspendus dans tout son contour des couronnes dorées avec des flacons de parfum.

Tandis qu'on nous prie d'emporter ces cadeaux, je tourne mes regards vers la table. Déjà on y avait servi un plat garni de plusieurs gâteaux : au centre se dressait un Priape, en pièce montée, qui, selon l'usage ordinaire, portait dans son giron assez ample des fruits et des raisins de toute sorte. Nous portons une main gourmande vers ce magnifique appareil, et aussitôt une nouvelle série de surprises vint ranimer la gaieté. Tous les gâteaux et tous les fruits se mirent, au moindre attouchement, à lancer de l'eau de safran, dont le jet désagréable nous arrosait jusqu'au visage. Persuadés qu'un plat présenté dans un décor aussi religieux avait je ne sais quoi de sacré, nous nous levons tous et souhaitons :

– Heureuse vie à Auguste, père de la patrie !

Pétrone, *Satiricon*, 59, 3-7 – 60, 1-7

L'opinion romaine n'apprécie guère ce luxueux palais de 2 kilomètres carrés qui empiète sur une grande partie de la ville. Les

5. La salle à manger.

épigrammes fleurissent sur les murs, moquant la mégalomanie du prince.

« Rome deviendra sa maison : citoyens, émigrez à Véies[6]
Si cette maudite maison n'englobe pas jusqu'à Véies. »

Suétone, *Néron*, 39, 3

Un peu plus tard, Pline l'Ancien jugera ainsi.

Par deux fois nous avons vu la Ville entourée tout entière par les résidences des empereurs Caius et Néron, celle de ce dernier, à la vérité, étant dorée, pour qu'il ne lui manquât rien. Telles avaient été sans doute les demeures des grands hommes qui avaient rendu si grand notre Empire, qui quittaient leur charrue et leur foyer pour aller vaincre les peuples et remporter leurs triomphes et dont les champs mêmes occupaient une moindre étendue que le boudoir de ces mauvais empereurs ! Et on se met à songer à quelle part de ces palais occupait le terrain octroyé par l'État aux généraux invaincus pour qu'ils y élevassent leurs maisons.

Pline l'Ancien, *Histoire naturelle*, 36, 24, 111-112

Et voici ce qu'en dira le poète Martial lorsque s'achèveront les travaux du Colisée en l'an 80, sous le règne de Titus. Devant le plus vaste cirque jamais construit dans tout l'Empire, la statue colossale de Néron a été transformée en une représentation du dieu Soleil.

Aux lieux où le colosse radié[7] contemple les astres de si près et où s'élèvent, au milieu de la voie, de hauts échafaudages, rayonnait l'odieux palais d'un farouche despote, et déjà une demeure unique se dressait sur l'emplacement de la ville tout entière ; où l'amphithéâtre érige à tous les yeux son

---

6. Ancienne cité située à 15 km de Rome.
7. La statue était ornée de rayons solaires.

auguste masse, c'était l'étang de Néron ; où nous admirons
les thermes, si promptement achevés par la générosité de
César, une fastueuse campagne avait dépouillé les pauvres
gens de leurs foyers ; là où le portique de Claude déploie
ses vastes ombrages finissaient les derniers bâtiments du
palais impérial. Rome a été rendue à elle-même et, sous ton
gouvernement, César, le peuple fait ses délices de ce qui ne
charmait jadis que son maître.

Martial, *Épigrammes, Spectacles*, 2

*Les projets de Néron ne s'arrêtent pas là. Il exige aussi de ses
architectes qu'ils étudient de grands travaux d'aménagement.*

Il entreprenait aussi la construction d'une piscine
s'étendant de Misène au lac Averne, entièrement couverte et
entourée de portiques, dans laquelle devaient être amenées
toutes les eaux thermales de Baïes ; le percement d'un canal
depuis l'Averne jusqu'à Ostie, permettant de se rendre dans
cette ville en bateau, sans naviguer sur mer : sa longueur
devait être de cent soixante milles[8], sa largeur, telle que
deux galères à cinq rangs de rames pussent y naviguer en
sens contraire. Pour venir à bout de pareils ouvrages, il
avait prescrit de transporter en Italie tous les détenus de
l'Empire et de ne condamner qu'aux travaux forcés, même
pour des crimes manifestes[9]. Ce qui l'entraîna à cette folie
de dépenses, ce fut, outre sa confiance dans les ressources
de l'Empire, l'espérance soudaine de découvrir d'immenses
richesses cachées, d'après les indications d'un chevalier
romain qui lui garantissait que les richesses de l'antique
trésor emporté par la reine Didon, lorsqu'elle s'enfuit de
Tyr, se trouvaient en Afrique, enfouies dans de très vastes

8. 230 km.
9. Ni peine de mort, de prison ou d'exil afin de pouvoir disposer
du maximum de main-d'œuvre.

cavernes, et qu'on pourrait les en extraire au prix d'un effort minime.

Suétone, Néron, 31, 5-7

Mais tous ces rêves s'écrouleront l'un après l'autre.

Eût-on pu en venir à bout, le travail était excessif, les motifs insuffisants. Néron, cependant, qui désirait l'incroyable, s'efforça de percer les hauteurs voisines de l'Averne. Il reste encore des traces de sa vaine espérance.

Tacite, Annales, 15, 42, 2

La démesure de Néron n'exclut pas la raison. Il édicte de nouvelles règles d'urbanisme et entreprend de rebâtir Rome avec la volonté de la moderniser et de l'embellir.

Par ailleurs, les parties de la Ville que la demeure impériale avait épargnées ne furent pas, comme après l'incendie des Gaulois[10], rebâties sans ordre et au hasard : on mesura l'alignement des immeubles, on élargit la dimension des rues, on réduisit la hauteur des édifices, on ouvrit les cours, et on ajouta des portiques, pour protéger la façade des îlots. Ces portiques, Néron promit de les élever à ses frais, et aussi de livrer aux propriétaires les terrains déblayés. Il ajouta des primes, proportionnées au rang et à la fortune de chacun, et fixa le délai dans lequel ils devraient terminer les demeures ou les îlots pour les obtenir.

Il destinait les marais d'Ostie à recevoir les décombres et voulait que les navires qui avaient remonté avec une cargaison de blé le cours du Tibre fussent chargés de décombres en le descendant. Les édifices eux-mêmes devaient être solidement construits, dans une partie déterminée sans

---

10. Vers 390 av. J.-C., les Sénons, Gaulois originaires de Bourgogne, décimèrent l'armée romaine et se livrèrent au premier sac de Rome.

poutres de bois, en pierre de Gabies ou d'Albe, parce que ce matériau est à l'épreuve du feu. En outre, comme l'eau était détournée abusivement par des particuliers, pour la rendre plus abondante et la répandre davantage dans l'intérêt du public, on établit des surveillants ; des moyens de lutte contre l'incendie durent être mis en évidence à la disposition de chacun ; enfin on interdit les parois mitoyennes et imposa pour chaque maison une enceinte de murs particulière. Ces règlements, appréciés en raison de leur utilité, contribuèrent aussi à l'embellissement de la nouvelle ville. Il y avait toutefois des gens pour penser que l'ancien plan convenait mieux à la salubrité, sous prétexte que l'étroitesse des ruelles et la hauteur des immeubles les rendaient moins perméables à l'ardeur du soleil, tandis que maintenant ces vastes espaces, que ne protégeait aucune ombre, étaient embrasés par une chaleur plus pénible.

Tacite, *Annales*, 15, 43

Le traumatisme de l'incendie est tel que ces mesures de prévoyance ne font pas taire les accusations contre Néron. Aussi, dès le mois d'octobre, désigne-t-il des coupables.

Mais aucun moyen humain ni les largesses du prince ni les cérémonies pour apaiser les dieux ne faisaient céder l'opinion infamante d'après laquelle l'incendie avait été ordonné. En conséquence, pour étouffer la rumeur, Néron produisit comme inculpés et livra aux tourments les plus raffinés des gens, détestés pour leurs turpitudes, que la foule appelait « chrétiens ». Ce nom leur vient de Christ, que, sous le principat de Tibère, le procurateur Ponce Pilate avait livré au supplice. Réprimée sur le moment, cette exécrable superstition faisait de nouveau irruption, non seulement en Judée, berceau du mal, mais encore à Rome, où tout ce qu'il y a d'affreux ou de honteux dans le monde converge et se répand.

On commença donc par poursuivre ceux qui avouaient, puis, sur leur dénonciation, une multitude immense, et ils furent reconnus coupables, moins du crime d'incendie qu'en raison de leur haine pour le genre humain. À leur exécution on ajouta des dérisions, en les couvrant de peaux de bêtes pour qu'ils périssent sous la morsure des chiens ou en les attachant à des croix, pour que, après la chute du jour, utilisés comme des torches nocturnes, ils fussent consumés. Néron avait offert ses jardins pour ce spectacle, et il donnait des jeux de cirque, se mêlant au peuple en tenue d'aurige ou debout sur un char. Aussi, bien que ces hommes fussent coupables et eussent mérité les dernières rigueurs, soulevaient-ils la compassion, à la pensée que ce n'était pas dans l'intérêt général, mais à la cruauté d'un seul qu'ils étaient sacrifiés.

Tacite, Annales, 15, 44, 2-5

Tacite, qui a dix ans au moment des faits, est le seul contemporain de Néron – et le seul historien – à évoquer ces persécutions, si l'on excepte une seule phrase dans Suétone où il est dit qu'on « livra aux supplices les Chrétiens, sorte de gens adonnés à une superstition nouvelle et dangereuse[11] ». C'est cet unique témoignage qui a conduit certains historiens postérieurs à douter parfois de la réalité de ces exécutions horribles, même si la tradition de l'Église situe à cette période la crucifixion la tête en bas de l'apôtre Pierre et la décapitation de Paul. En tout cas, on ignore quelle fut l'ampleur réelle des poursuites et le nombre de ces premiers martyrs, d'autant que Néron n'a pas promulgué de loi générale contre les chrétiens.

Rome, en ce temps-là, abrite une influente communauté juive. Elle connut quelques vicissitudes sous Tibère et Claude qui l'expulsèrent à la suite de troubles créés, déjà, par les émules du Christ. Revenus sous Néron, les Juifs sont bien acceptés et l'on dit même qu'il y en eut dans l'entourage de Poppée. Voyons le témoignage

---

11. Suétone, *Néron*, 16, 3.

de Flavius Josèphe, général juif devenu historien sous le règne de Titus. Il vient à Rome en cette même année 64 pour négocier la cause de prêtres emprisonnés.

À vingt-six ans passés, il m'arriva d'aller à Rome pour la raison que je vais dire. À l'époque où Félix était procurateur de Judée, pour on ne sait quelle futile raison, il fit mettre aux fers et envoyer à Rome pour s'expliquer devant César quelques prêtres de mes amis, qui étaient des hommes distingués. Comme je voulais trouver un moyen de les délivrer, surtout que j'avais appris comment, même dans la misère, loin d'oublier la piété envers Dieu, ils vivaient de figues et de noix, j'arrivai à Rome après une traversée pleine de dangers. […] Rescapé à Dicaiarchéa, que les Italiens appellent Puteoli, je me liai d'amitié avec Alituros. C'était un mime, favori de Néron, et de race juive. Présenté par son entremise à Poppée, femme de César, je m'emploie au plus tôt à solliciter auprès d'elle la libération de ces prêtres. Quand j'eus obtenu de Poppée, outre cette faveur, d'autres bienfaits importants, je m'en retournai chez moi.

Flavius Josèphe, Autobiographie, 3

La question s'est posée de savoir si les chrétiens avaient pu jouer un rôle dans la propagation de l'incendie. L'hypothèse est unanimement rejetée par les historiens modernes. Mais à l'époque ils sont les coupables idéaux. Cette secte minoritaire juive reste impopulaire en raison du prosélytisme messianique de ses adeptes, notamment en direction de l'aristocratie romaine. Non seulement ils pratiquent leur culte en secret, mais ils ne cessent de lancer des imprécations contre l'Empire romain, ses dieux, son prince et ses œuvres. En butte à l'hostilité de sa population, il fut commode à Néron de désigner comme boucs émissaires ces agitateurs prônant la destruction de la ville impériale impie et débauchée.

En conclusion, illustrons ce propos avec un passage de l'Apocalypse de saint Jean où ce dernier rapporte les révélations qu'il aurait

eues après la mort du Christ. Il est admis que le nom symbolique
de Babylone désigne en réalité Rome.

Elle est tombée, elle est tombée, Babylone la grande !
Elle est devenue une habitation de démons, un repaire de
tout esprit impur, un repaire de tout oiseau impur et odieux,
parce que toutes les nations ont bu du vin de la fureur de
son impudicité et que les rois de la terre se sont livrés avec
elle à l'impudicité et que les marchands de la terre se sont
enrichis par la puissance de son luxe.

Et j'entendis du ciel une autre voix qui disait : « Sortez
du milieu d'elle, mon peuple, afin que vous ne participiez
point à ses péchés, et que vous n'ayez point de part à ses
fléaux. »

Car ses péchés se sont accumulés jusqu'au ciel, et Dieu
s'est souvenu de ses iniquités.

Payez-la comme elle a payé, et rendez-lui au double
selon ses œuvres. Dans la coupe où elle a versé, versez-lui
au double. Autant elle s'est glorifiée et plongée dans le luxe,
autant donnez-lui de tourment et de deuil. Parce qu'elle dit
en son cœur : « Je suis assise en reine, je ne suis point veuve
et je ne verrai point de deuil ! »

À cause de cela, en un même jour, ses fléaux arriveront,
la mort, le deuil et la famine, et elle sera consumée par le
feu.

Car il est puissant, le Seigneur Dieu qui l'a jugée.

Et tous les rois de la terre, qui se sont livrés avec elle à
l'impudicité et au luxe, pleureront et se lamenteront à cause
d'elle quand ils verront la fumée de son embrasement.

Saint Jean, *Apocalypse*, 18

IL FAUT TUER NÉRON !

65

Au début de l'année 64, Néron avait entrepris une importante réforme monétaire. Il s'agissait de stimuler les échanges commerciaux par une dévaluation des monnaies précieuses. Sans doute, cette réforme complexe répondait à de profondes nécessités économiques à l'échelle de l'Empire. Il serait donc exagéré de n'y voir que le moyen rapide de remplir les caisses de l'État afin d'étancher la soif de dépense d'un empereur fantasque.

Cependant, il est vrai que Néron est d'une grande voracité quand il s'agit d'argent ou du bien d'autrui. Mais, en retour, sa prodigalité est tout aussi légendaire.

Pour ce qui est des richesses et de l'argent, il estimait que la seule façon d'en jouir était de le gaspiller, considérant « comme des avares sordides les gens qui tiennent registre de leurs dépenses, comme fastueux et vraiment magnifiques ceux qui abusent de leur fortune et la dilapident ». S'il admirait et célébrait son oncle Caius, c'était avant tout parce qu'il avait en peu de temps gaspillé les richesses immenses laissées par Tibère.

Aussi ne garda-t-il aucune mesure dans ses libéralités ni dans ses dépenses [...]. Le citharède Ménécrate et le mirmillon Spiculus reçurent de lui des patrimoines et des maisons de triomphateurs. Après avoir enrichi l'usurier Paneros Cercopithecus de domaines situés en ville et à la campagne, il lui fit des funérailles presque royales. Il ne porta jamais deux fois le même vêtement. Il joua aux dés quatre cent mille sesterces par point. Il pêcha avec un filet d'or, retenu par des cordes tressées de pourpre et d'écarlate. On rapporte que jamais il ne voyagea sans emmener au moins mille voitures, avec des mules ferrées d'argent, des muletiers vêtus de laine de Canusium, ainsi qu'une multitude de Mazyces[1] et de coureurs couverts de décorations et de bracelets.

Suétone, *Néron*, 30, 1-7

Mais jamais il n'a dépensé autant que pour réaliser ses projets faramineux et lancer la reconstruction de Rome. Un an après l'incendie, en 65, le budget de l'État est exsangue au point que l'on doit différer la paie des soldats et les pensions des vétérans. Alors, pour renflouer le Trésor et la cassette impériale, Néron ratisse large.

Cependant, pour faire rentrer des sommes d'argent, on ravagea l'Italie, on ruina les provinces, les peuples alliés et les cités dites libres. Et à ce butin les dieux mêmes contribuèrent : on dépouilla les temples dans la Ville et on emporta l'or que, à l'occasion soit de triomphes soit de vœux, à tous les âges de son existence, dans la prospérité ou dans la crainte, le peuple romain avait consacré. Mais en Asie et en Achaïe, outre les offrandes, on ravissait aussi les statues des dieux, selon la mission confiée dans ces provinces à Acratus et à Secundus Carrinas. L'un était un affranchi, prêt à toutes les turpitudes ; l'autre, versé dans la philosophie grecque, en paroles seulement, n'avait pas revêtu son âme de bons principes.

Tacite, *Annales*, 15, 45, 1-2

« Il applique son esprit à la chicane et à la rapine », *comme le précise Suétone.*

Avant tout, il établit qu'il lui reviendrait non pas la moitié, mais les cinq sixièmes[2] des biens laissés en héritage

---

1. Guerriers berbères.
2. Une loi ancienne établissait que la moitié des biens laissés par des affranchis morts sans enfants revenait à leur maître. Néron,

par tous les affranchis qui portaient, sans raison valable, le nom de l'une des familles auxquelles il était apparenté ; ensuite, que la succession des personnes ayant, à leur mort, fait preuve d'ingratitude envers l'empereur serait acquise au fisc et qu'on ne laisserait pas impunis les gens de loi ayant écrit ou dicté ces testaments ; enfin que la loi de lèse-majesté serait applicable à toute action ou parole simplement dénoncée par un délateur. Il se fit même rembourser le prix de toutes les couronnes que des cités lui avaient décernées dans des concours, à n'importe quelle date[3]. Ayant interdit l'usage des teintures violette et pourpre[4], il chargea l'un de ses agents d'en vendre quelques onces un jour de foire, et là-dessus enferma tous les marchands[5]. Bien plus, un jour qu'il chantait, avisant parmi les spectateurs une matrone vêtue de cette pourpre interdite, il la signala, dit-on, aux intendants du fisc et la fit aussitôt dépouiller non seulement de sa robe, mais encore de ses biens. Jamais il ne confia une charge à personne sans ajouter : « Vous savez ce dont j'ai besoin » et « Arrangeons-nous pour qu'il ne reste rien à qui que ce soit. »

Suétone, *Néron*, 32, 2-6

Il aurait même songé à s'emparer des immenses richesses de Sénèque.

On disait que Sénèque, pour détourner de lui-même l'odieux sacrilège, avait sollicité sa retraite dans une lointaine campagne et que, n'obtenant pas l'autorisation, il avait

qui se considère comme le patron de tous les affranchis, porte à cinq sixièmes sa part de succession.

3. Les primes payées aux différentes villes en retour des couronnes qu'elles lui avaient décernées.

4. Ces couleurs étaient réservées aux souverains et à quelques dignitaires de haut rang.

5. Il fait fermer les boutiques et confisque biens et marchandises.

feint une maladie et, comme s'il souffrait des nerfs, avait gardé la chambre. Certains ont rapporté que du poison lui fut préparé par un de ses affranchis, nommé Cleonicus, sur l'ordre de Néron, et que Sénèque y échappa, soit par la révélation de l'affranchi, soit par sa propre méfiance, grâce à une très grande frugalité, ne prenant que des fruits sauvages et, quand la soif se faisait sentir, de l'eau courante pour soutenir ses forces.

Tacite, *Annales*, 15, 45, 3

Pour beaucoup, la coupe est pleine. Les extravagances de Néron et le climat de terreur qui s'est installé alimentent les haines contre lui. Depuis des mois, le palais est agité par toutes sortes d'intrigues. Au Sénat, désormais méprisé par Néron, les coteries se font et se défont au gré des alliances du moment. Et, lorsque s'achève la construction de la Maison Dorée, une vaste conspiration se forme au sein de l'aristocratie romaine, dont Tacite nous a livré un récit remarquable et circonstancié. Elle est conduite par Pison.

Celui-ci, issu de la *gens* Calpurnia et tenant par la noblesse de son père à beaucoup d'illustres familles, jouissait auprès de la foule d'un brillant renom, qu'il devait à sa vertu ou à des semblants de vertus. C'est qu'il exerçait son éloquence à défendre ses concitoyens, se montrait généreux envers ses amis, d'un abord affable et prévenant même pour les inconnus. À cela s'ajoutaient des dons du hasard, une taille élancée, une belle figure. Mais il n'avait ni gravité dans les mœurs, ni retenue dans les plaisirs ; la légèreté, la magnificence et parfois la dissipation l'attiraient. Et ce penchant était approuvé par un grand nombre de gens, qui, trouvant tant de charme aux vices, ne veulent pas dans le pouvoir suprême trop de rigueur et de sévérité.

Tacite, *Annales*, 15, 48, 2-3

C'est donc autour de ce Pison, fringant et nonchalant tout à la fois, que va se constituer une coalition hétéroclite et nombreuse. Trop nombreuse, sans doute.

Les plus résolus furent Subrius Flavus, tribun d'une cohorte prétorienne, et Sulpicius Asper, centurion, comme la fermeté de leur mort le montra. Lucannus Annaeus[6] et Plautius Lateranus y apportèrent la vivacité de leurs haines. Lucain avait des motifs personnels de ressentiment, parce que Néron cherchait à étouffer sa renommée poétique et lui avait interdit la présentation de ses vers, par un vain désir de l'égaler. Lateranus, consul désigné, n'avait subi aucun tort, mais l'amour du bien public l'associa au complot. Quant à Flavius Scaevinus et Afranius Quintianus, tous deux de l'ordre sénatorial, ils démentirent leur réputation en se lançant dès le début dans une telle entreprise : en effet, Scaevinus avait l'esprit affaibli par la débauche et menait, par suite, une vie de langueur dans l'assoupissement. Quintianius, décrié pour ses mœurs efféminées et diffamé par Néron dans des vers satiriques, voulait venger cet outrage.

Tacite, *Annales*, 15, 49, 2-4

Revenons sur la personnalité de Lucain. Neveu de Sénèque, le poète a 25 ans lorsqu'il rejoint la conjuration. Il est l'auteur notamment de La Pharsale, *poème épique sur la guerre civile ayant opposé Jules César à Pompée. Il a un temps les faveurs de Néron, à peine plus âgé que lui, mais le succès des lectures publiques de Lucain indispose vite le prince poète.*

Lucain fut très blessé de ce que, pendant une de ses lectures, Néron, dans le seul but de l'interrompre, avait tout à coup convoqué le Sénat et était sorti pour s'y rendre. À partir de ce moment-là, il ne dit, ne fit plus rien par haine du prince. Et un jour, aux latrines publiques, après

6. Le poète Lucain, neveu de Sénèque.

avoir lâché un vent des plus bruyants, il prononça cet hémistiche d'un vers de Néron : « L'on dirait un tonnerre souterrain », audace qui fit prendre la fuite à tous ceux qui étaient assis à ces latrines[7]. Dans un poème diffamatoire, il prodigua les plus sanglantes invectives à Néron lui-même et aux plus puissants de ses favoris. Enfin il fut comme le porte-enseigne de la conjuration de Pison. Il ne cessait de proclamer la gloire des tyrannicides et, la bouche toujours pleine de menaces, il allait jusqu'à offrir au premier venu la tête de l'empereur.

Suétone, *Vies des poètes, Lucain*

À ce premier cercle de conspirateurs, Antonius Natalis, l'un des complices les plus proches de Pison, associe des chevaliers romains, dont certains, comme Claudius Senecio, sont des familiers de Néron. On enrôle aussi des « hommes de guerre ». Et même des femmes.

Mais la force principale semblait placée en la personne du préfet Faenius Rufus, auquel sa vie et sa réputation valaient l'estime publique. Or Tigellinus, mieux placé par sa cruauté et son impudicité dans l'esprit du prince, le harcelait d'accusations et il l'avait souvent plongé dans la crainte en le présentant comme l'amant d'Agrippine, poussé par son désir de la venger. Ainsi donc, quand les conjurés virent un préfet du prétoire en personne se ranger à leur parti et que, à maintes reprises, ses propres paroles leur en donnèrent l'assurance, ils mirent alors plus d'empressement à délibérer sur le moment et le lieu de l'assassinat.

Tacite, *Annales*, 15, 50, 3-4

7. C'était un crime de lèse-majesté de prononcer dans certains lieux le nom de l'empereur ou d'y faire allusion.

Festina lente… Les conjurés se perdent, en effet, dans d'interminables palabres.

Pendant que les conjurés temporisent et ajournent leurs espérances comme leurs craintes, une certaine Epicharis[8], qui s'était informée, on ne sait comment, de l'affaire – elle n'avait eu jusqu'alors aucun souci du bien – se met à les exciter et les critiquer ; enfin, excédée de leur lenteur et se trouvant en Campanie, elle s'efforça d'ébranler les chefs de la flotte de Misène et de les lier par la complicité, en s'y prenant ainsi :

Il y avait dans cette flotte un commandant de navire, nommé Volusius Proculus, que Néron avait utilisé, parmi d'autres, pour tuer sa mère et qui n'avait pas eu un avancement proportionné à l'importance du crime, estimait-il. […] Proculus devait seulement se tenir prêt à donner son concours et à gagner au parti les plus intrépides soldats. Il pouvait s'attendre à une digne récompense. Elle tut cependant les noms des conjurés. Aussi la dénonciation de Proculus fut-elle sans effet, bien qu'il eût rapporté à Néron ce qu'il avait entendu. En effet, Epicharis, convoquée et confrontée avec le dénonciateur, réfuta facilement ses dires qui ne s'appuyaient sur aucun témoin. Mais elle fut elle-même retenue en prison, Néron soupçonnant que les faits n'étaient pas faux, même si la vérité n'en était pas démontrée.

Tacite, *Annales*, 15, 51

Les conjurés s'alarment ! Ils décident alors de fixer l'exécution de leur projet aux jeux du cirque qui auront lieu le 19 avril en l'honneur de Cérès, « parce qu'il était plus aisé d'aborder Néron dans l'allégresse du spectacle[9] ».

Voici comment ils avaient combiné leur plan d'attaque : Lateranus, sous prétexte d'implorer un secours pour les besoins

---

8. Une amie d'Annaeus Mela, le père de Lucain.
9. Tacite, *Annales*, 15, 53, 1.

de sa famille, prenant une attitude suppliante et tombant aux genoux du prince, le renverserait à l'improviste et pèserait sur lui, car il avait l'âme ferme et le corps vigoureux. Une fois qu'on l'aurait jeté et maintenu à terre, les tribuns, les centurions et les autres conjurés, chacun selon sa hardiesse, accourraient et l'égorgeraient.

Tacite, *Annales*, 15, 53, 2

Pendant ce temps, Pison attendrait dans le temple de Cérès que le préfet Faenius vienne le chercher pour le conduire au camp des prétoriens, selon la procédure d'investiture habituelle. Le sénateur Scaevinus revendique l'honneur de porter le premier coup, car il possède un poignard remarquable, une sorte de trophée de guerre « qu'il porte sans cesse comme une arme vouée à une grande œuvre[10] ».

Cependant on s'étonne que, parmi tant de conjurés, différents de naissance, de rang, d'âge, de sexe, riches ou pauvres, le secret de tout ait été aussi bien gardé, jusqu'au jour où la trahison partit de la maison de Scaevinus.

Celui-ci, après avoir eu, la veille de l'attentat, un long entretien avec Antonius Natalis, rentré chez lui, scella son testament ; puis, tirant de sa gaine le poignard dont j'ai parlé plus haut et se plaignant que le temps l'eût émoussé, il ordonna de l'aiguiser sur une pierre et de rendre la pointe étincelante, et il confia ce soin à l'affranchi Milichus.

En même temps, il fit servir un repas plus somptueux qu'à l'ordinaire, et aux plus chers de ses esclaves il donna la liberté ou de l'argent. Mais lui-même était visiblement sombre et obsédé par une grande idée, bien qu'il affectât la gaieté dans des propos à bâtons rompus. Enfin il fait préparer des bandes pour les blessures et de quoi arrêter le sang par le même Milichus – que celui-ci ait été au

10. Tacite, *Annales*, 15, 53, 2.

courant du complot et jusque-là fidèle, ou que, ignorant tout, il ait conçu alors pour la première fois des soupçons comme beaucoup l'ont rapporté. En effet, quand cette âme servile eut calculé en elle-même le prix de la perfidie, croyant voir affluer en même temps richesse et puissance, elle négligea le devoir et le salut d'un patron et le souvenir de la liberté reçue.

Tacite, *Annales*, 15, 54

Milichus se rend chez Néron et lui montre l'arme préparée pour le tuer. Scaevinus est convoqué et parvient presque à démonter les accusations de l'affranchi, lorsque celui-ci informe Néron de la longue conférence que Scaevinus a eu la veille avec Natalis, tous deux amis intimes de Pison.

On fait donc venir Natalis, et on les interroge séparément sur la nature et l'objet de cet entretien. Alors naquit le soupçon, parce que leurs réponses ne concordaient pas, et on les mit aux fers ; la vue et la menace des tortures les firent céder. Cependant Natalis parla le premier : mieux instruit de la conspiration et plus habile à dénoncer, il fait porter d'abord ses aveux sur Pison, puis il ajoute Annaeus Seneca, soit qu'il eût servi d'intermédiaire entre lui et Pison, soit pour se ménager les bonnes grâces de Néron, qui, détestant Sénèque, recherchait tous les moyens de le supprimer. Alors, quand il eut appris les révélations de Natalis, Scaevinus aussi, cédant à la même faiblesse ou peut-être croyant que tout était maintenant découvert et que le silence ne présentait plus aucun avantage, désigna tous les autres[11].

Tacite, *Annales*, 15, 56, 1-3

---

11. Sauf les militaires impliqués.

Mais cela ne suffit pas à Néron. C'est alors que se déroule un événement où se mêlent l'horrible et l'admirable.

Cependant Néron, se rappelant que, sur la dénonciation de Volusius Proculus, Epicharis était détenue et persuadé qu'un corps de femme ne résisterait pas à la douleur, donne l'ordre de la déchirer sous les tortures. Mais elle, ni le fouet, ni le feu, ni la colère des bourreaux, qui redoublaient d'acharnement pour ne pas être bravés par une femme, ne purent triompher d'elle, dans son obstination à nier. C'est ainsi que, le premier jour, elle triompha de la question.

Le lendemain, comme on la ramenait aux mêmes supplices dans une chaise à porteurs – car ses membres disloqués ne pouvaient la soutenir –, elle détacha son soutien-gorge, fit du ruban qui le nouait une sorte de lacet en le fixant au cintre de la chaise, y passa le cou, pesa de tout son poids et réussit à exhaler le faible souffle qui lui restait – donnant ainsi un exemple plus admirable chez une femme, une affranchie, qui, dans une telle extrémité, protégeait des étrangers et presque des inconnus, alors que des personnes de naissance libre, des hommes, des chevaliers romains et des sénateurs, sans avoir subi la torture, livraient chacun les êtres les plus chers.

Tacite, *Annales*, 15, 57

Effrayé par cette cascade de dénonciations, Néron place la ville en état de siège et multiplie les arrestations sous des motifs divers. Un mot, un geste, l'expression d'une joie ou d'une tristesse, la proximité fortuite avec l'un des conjurés, tout est bon pour accuser.

Alors couraient çà et là, sur les places, dans les maisons, jusque dans les campagnes et les municipes les plus proches, des fantassins et des cavaliers, parmi lesquels des Germains, qui avaient la confiance du prince en tant qu'étrangers. On en ramenait de longues files de prisonniers enchaînés, qui s'entassaient aux portes des jardins.

Tacite, *Annales*, 15, 58, 2-3

Pendant ce temps, les conjurés tentent désespérément de renverser la situation.

La conjuration révélée, pendant qu'on entendait Milichus, pendant qu'hésitait Scaevinus, il y eut des gens pour exhorter Pison à se rendre au camp ou à monter sur les rostres afin de sonder les dispositions des soldats et du peuple. Si cette tentative ralliait les conjurés, ils entraîneraient même les non-participants, et l'affaire, ainsi mise en train, ferait grand bruit, ce qui comptait beaucoup dans une révolution.

Néron n'avait prévu aucune riposte à cela. Même des hommes de cœur se laissaient effrayer par les surprises ; à plus forte raison ce comédien, accompagné apparemment de Tigellinus avec ses concubines, n'opposerait pas la force à la force. On voyait réussir à l'épreuve bien des entreprises que les nonchalants jugeaient ardues.

En vain comptait-il sur le silence et la fidélité dans les âmes et les corps de si nombreux complices ; la torture ou la récompense rendait tout accessible. Il viendrait des gens pour l'enchaîner, lui aussi, et lui infliger une mort ignominieuse. Combien il serait plus glorieux de périr en tenant dans ses bras la république, en appelant au secours pour la liberté ! Que l'armée lui manquât plutôt et que la plèbe l'abandonnât, pourvu qu'il eût lui-même le mérite, si la vie lui était arrachée, de faire approuver sa mort par ses ancêtres et par ses descendants ! Ces conseils le laissèrent impassible ; il sortit un instant dans la rue, puis se renferma chez lui, affermissant son âme contre la nécessité suprême, jusqu'à l'arrivée d'une troupe de soldats, que Néron avait choisis parmi les recrues ou ceux qui avaient peu de service,

car il craignait les vieux soldats gagnés, pensait-il, à Pison.
Celui-ci mourut, après s'être coupé les veines des bras.

Tacite, Annales, 15, 59, 1- 5

La première mise à mort qui suivit fut celle du consul
désigné Plautius Lateranus. Néron y mit tant de hâte qu'il ne
lui permit pas d'embrasser ses enfants ni de disposer du bref
délai habituel pour le choix du trépas. Traîné au lieu réservé
pour le châtiment des esclaves, il est égorgé par la main du
tribun Statius, restant plein d'une fermeté silencieuse et ne
voulant pas reprocher au tribun sa propre complicité.

Tacite, Annales, 15, 60, 1

*Vient ensuite le tour de Sénèque. Malgré la dénonciation de
Natalis, Néron n'est pas assuré de sa participation au complot, mais
il le soupçonne, pour le moins, d'avoir été au courant de l'entreprise.
L'occasion est trop belle de se débarrasser de son ancien maître. Il
envoie le tribun Silvanus instruire l'affaire auprès de Sénèque qui
nie toute implication, prétextant « son amour du repos » pour ne
trouver aucun intérêt aux visites de Pison.*

Quand le tribun eut fait son rapport, en présence de
Poppée et de Tigellinus, qui formaient le conseil intime du
prince dans ses cruautés, Néron lui demande si Sénèque se
disposait à une mort volontaire. Alors le tribun assura qu'il
n'avait surpris aucun signe de frayeur, rien de triste dans ses
paroles ou sur son visage. En conséquence, il reçoit l'ordre
de retourner et de signifier l'arrêt de mort.

D'après Fabius Rusticus, il ne reprit pas le chemin
par lequel il était venu, mais il fit un détour auprès du
préfet Faenius et, lui ayant exposé les ordres de César, lui
demanda s'il devait obéir et il reçut l'avis de les exécuter.
Fatal concours de lâcheté ! En effet, Silvanus aussi faisait
partie des conjurés et il augmentait le nombre de ses crimes

dont il avait conspiré la vengeance. Il s'abstint toutefois de parler et de voir, et il fit entrer un des centurions pour notifier à Sénèque l'obligation suprême.

Tacite, *Annales*, 15, 61, 2-4

Conformément aux ordres de Néron, le centurion refuse à Sénèque l'autorisation de rédiger son testament. Le stoïcien se tourne alors vers ses amis en déclarant que son plus beau legs sera « l'image de sa vie ». Puis il rappelle l'assistance aux exigences de la sagesse, bafouée aujourd'hui par les coups du sort. Lorsque l'instant est venu, Pauline, son épouse, veut l'accompagner dans la mort.

Alors Sénèque, ne voulant pas s'opposer à sa gloire et aussi par amour, afin de ne pas abandonner aux outrages celle qu'il chérissait plus que tout :

– Je t'avais montré, lui dit-il, les charmes de la vie. Tu préfères l'honneur de la mort. Je ne t'envierai pas le mérite d'un tel exemple. Montrons tous deux dans un trépas aussi courageux la même fermeté, en donnant plus d'éclat à ta fin.

Après quoi, du même coup, ils s'entaillent les bras avec une lame. Sénèque, dont le corps sénile et affaibli par l'abstinence n'offrait au sang qu'un lent écoulement, se rompt aussi les veines des jambes et des jarrets. Puis, accablé par de cruelles tortures, craignant de briser par sa souffrance le courage de son épouse et lui-même, en voyant les tourments qu'elle endurait, de se laisser aller à la faiblesse, il la persuade de se retirer dans une autre chambre. Alors, même à l'instant suprême en pleine possession de son éloquence, il appela ses secrétaires et prononça un long discours.

Tacite, *Annales,* 15, 63, 2-3

Pour ne pas aggraver le désastre, Néron veut éviter la mort de Pauline. Il demande aux soldats et aux affranchis d'unir leurs efforts pour la sauver.

Cependant Sénèque, voyant l'agonie se prolonger et la mort tarder, se tourne vers Statius Annaeus, qu'il tenait, par une longue expérience, pour un ami fidèle et un habile médecin, et le prie de lui donner le poison dont il s'était pourvu depuis longtemps, celui qu'utilisaient les Athéniens pour faire périr les condamnés de droit public.

On le lui apporta et il le but, mais en vain : ses membres étaient déjà refroidis et son corps fermé à l'action du poison. À la fin, il entra dans un bain d'eau chaude en aspergeant les esclaves qui l'entouraient et ajouta qu'il offrait cette libation à Jupiter Libérateur ; puis il se fit porter dans une étuve, dont la vapeur le suffoqua. Son corps est brûlé sans aucune cérémonie funèbre. Il l'avait prescrit dans des codicilles, lorsque, encore très riche et très puissant, il songeait déjà à ses derniers moments.

Tacite, *Annales*, 15, 64, 3-4

Il ne reste aucune trace de l'ultime discours de Sénèque, dont la mort constitue l'un des grands moments de l'histoire antique. Mais sans doute peut-on y trouver un écho dans ces propos, extraits des cent vingt-quatre lettres qu'il a adressées à son ami, le poète Lucilius.

Réfléchis journellement aux moyens d'abandonner paisiblement cette vie à laquelle bien des hommes s'attachent et se retiennent, comme ceux qu'un torrent emporte s'accrochent aux ronces et aux rocailles. L'humanité en général flotte misérablement entre la crainte de la mort et les afflictions de la vie : ils répugnent à vivre et ils ne savent pas mourir. Rends-toi donc la vie heureuse en abdiquant à son égard tout souci. Les seuls biens qui accommodent leur possesseur sont ceux à la perte desquels il a su préparer son âme. Or il n'est pas de perte moins rude à sentir que celle qui ne peut être suivie de regrets.

Sénèque, *Lettres à Lucilius*, 1, 4, 5-6

Je ne tremblerai pas à l'instant suprême. Dès maintenant je suis préparé, mes projets ne vont pas jusqu'à la fin du jour. Loue, imite celui-là qui ne répugne pas à mourir, bien qu'il se plaise à vivre. L'homme que l'on chasse, quel courage a-t-il à sortir ? Dans mon cas encore, malgré tout, il y a du courage. On me chasse, c'est vrai, mais j'ai bien l'air de sortir. Le sage, jamais on ne le chasse, pour la raison que celui qu'on chasse se voit exclu d'une place dont il se retire à son corps défendant. Le sage ne fait rien à son corps défendant. Il échappe à la nécessité, parce qu'il veut ce à quoi elle contraindra.

Sénèque, *Lettres à Lucilius*, 6, 54, 7

L'épuration expéditive se poursuit au rythme des dénonciations. Beaucoup, parmi les acteurs non identifiés du complot, jouent un double jeu. Aussi, la participation des militaires est dévoilée par Scaevinus, qui ne supporte plus de voir le préfet conjuré Faenius Rufus participer par lâcheté à la répression.

Ainsi, pressé et menacé, Scaevinus répond en souriant que personne n'en savait plus que lui, et il l'exhorte à se montrer de lui-même reconnaissant envers un si bon prince. À ce trait, Faenius ne peut ni parler ni se taire, mais il bredouille quelques mots et trahit sa peur. Alors, comme tous les autres et surtout le chevalier romain Cervarius Proculus unissent leurs efforts pour le confondre, l'empereur donne l'ordre au soldat Cassius, qui se tenait à ses côtés en raison d'une étonnante vigueur physique, de le saisir et de le garrotter.

Tacite, *Annales*, 15, 66

Le tribun Subrius Flavus comparait à son tour.

Interrogé par Néron sur les raisons qui avaient pu l'entraîner à oublier son serment :

– Je te haïssais, dit-il. Aucun soldat ne te fut plus fidèle tant que tu as mérité d'être aimé. J'ai commencé à te haïr depuis que tu es devenu meurtrier de ta mère et de ton épouse, aurige, histrion et incendiaire.

J'ai rapporté ses propres paroles parce qu'elles n'ont pas été publiées comme celles de Sénèque et que ces sentiments d'un homme de guerre ne méritaient pas moins d'être connus dans leur simplicité et leur énergie. Rien dans cette conjuration, de l'avis général, ne blessa plus cruellement les oreilles de Néron, qui, toujours prêt à commettre des crimes, n'était pas habitué à entendre parler de ceux qu'il commettait.

Tacite, *Annales*, 15, 67, 2-3

Flavus est décapité. Même châtiment pour le centurion Sulpicius Asper qui clame devant l'empereur « qu'il ne pouvait lui porter secours qu'en le tuant puisqu'il s'était souillé de toutes les hontes[12] », *Néron, contre toute évidence, soupçonne aussi le consul Vestinus d'être du complot.*

Au reste, la haine de Néron contre Vestinus lui était venue d'une étroite camaraderie, où ils avaient appris, l'un à bien connaître la lâcheté du prince et à la mépriser, l'autre à craindre la virulence d'un ami, dont il avait souvent essuyé les plaisanteries mordantes ; or celles-ci, quand elles ont beaucoup emprunté à la vérité, laissent après un souvenir cuisant. À ces motifs s'était ajouté récemment le fait que Vestinus avait épousé Statilia Messalina, sans ignorer que, parmi ses amants, figurait aussi César.

[...] Il avait rempli ce jour-là toutes ses fonctions de consul, et il donnait un festin, sans rien craindre ou pour

12. Suétone, *Néron*, 36, 3.

dissimuler sa crainte, quand les soldats entrèrent et lui dirent que le tribun l'appelait. Lui se lève sans tarder, et tout s'achève en un instant : on l'enferme dans sa chambre. Un médecin s'y trouve ; on lui tranche les veines. Encore plein de vie, il est porté au bain et plongé dans l'eau chaude, sans avoir proféré un seul mot où il déplora son sort. Cependant ses convives, environnés de gardes, ne furent relâchés que très tard dans la nuit, après que Néron, imaginant la frayeur de ces gens et s'en moquant, eut dit que ce supplice était une expiation suffisante du banquet consulaire.

Tacite, *Annales*, 15, 68, 3 – 69

Quelques jours après, le poète Lucain subit le même sort et meurt en récitant des vers. Périssent ensuite Senecio, Quintianus et Scaevinus. Et bien d'autres personnes encore.

Cependant on voyait la Ville se remplir de funérailles, le Capitole de victimes, l'un après la perte d'un fils, l'autre, après celle d'un frère, d'un parent ou d'un ami, rendre grâces aux dieux, orner de lauriers leurs maisons, se rouler aux genoux du prince et fatiguer sa main de baisers. Et lui, prenant cela pour de la joie, récompense par l'impunité les promptes dénonciations d'Antonius Natalis et de Cervarius Proculus.

Milichus, comblé de présents, prit le nom de sauveur en usant du mot grec qui le signifie. Parmi les tribuns, Gavius Silvanus, bien qu'absous, se tua de sa main ; Statius Proxumus, qui avait reçu sa grâce de l'empereur, la rendit vaine en mourant par bravade. [...] On bannit aussi Rufrius Crispinus, à l'occasion de la conspiration, mais parce qu'il était mal vu de Néron, pour avoir jadis épousé Poppée.

Tacite, *Annales*, 15, 71, 1- 4

Néron accorde les honneurs du triomphe au préfet Tigellinus. Et, pour garantir sa sécurité, il distribue aux soldats 2 000 sesterces par tête, en ajoutant la fourniture gratuite du blé.

Néron, après avoir convoqué le Sénat et harangué les pères, adressa un édit au peuple, en y ajoutant un recueil en plusieurs livres des révélations et des aveux faits par les condamnés. C'est que la rumeur publique ne cessait pas de le calomnier, l'accusant d'avoir fait disparaître des hommes illustres et innocents. En tout cas, qu'un complot ait été formé et développé puis percé à jour, nul n'en a douté alors parmi ceux qui avaient souci de connaître la vérité, et le déclarent aussi les exilés qui rentrèrent à Rome après la mort de Néron.

Puis on use de tous les moyens de la propagande.

Alors on vote des offrandes et des actions de grâces aux dieux, avec un hommage particulier au Soleil, qui possède un temple antique dans le cirque, où le crime était préparé, en attribuant à sa puissance d'avoir dévoilé les secrets de la conjuration. On décida aussi que les jeux du cirque en l'honneur de Cérès seraient célébrés par de plus nombreuses courses de chevaux et que le mois d'avril recevrait le nom de Néron.

Tacite, *Annales*, 15, 73, 1-2 et 74, 1

Et, avec son sens habituel de la communication, Néron consacre lui-même le poignard de Scaevinus au Capitole avec la dédicace :
« À Jupiter Vengeur. »

UNE FOLIE MEURTRIÈRE

65-66

Après ces semaines sanglantes, une diversion s'impose. Repris par son démon artistique, Néron veut offrir au peuple un grand divertissement.

Comme il tenait beaucoup à chanter même à Rome, il recommença les Jeux néroniens avant la date prévue et, tous les spectateurs réclamant sa voix céleste, il répondit d'abord « qu'il réaliserait leur désir dans ses jardins », mais, les soldats de garde eux-mêmes joignant leurs prières à celles de la foule, il promit avec plaisir « de s'exécuter tout de suite ». Puis, sans aucun retard, il fit porter son nom sur la liste des citharèdes qui concouraient, déposa comme eux son bulletin dans l'urne et fit son entrée, à son tour, avec les préfets du prétoire qui portaient sa lyre, suivi des tribuns militaires et accompagné de ses amis les plus intimes.

Suétone, *Néron*, 21, 1

Le Sénat a bien essayé d'éviter le scandale d'une nouvelle exhibi-tion en lui décernant par avance la victoire du chant et la couronne de l'éloquence.

Mais Néron proteste que ni la brigue ni l'autorité du Sénat ne lui étaient nécessaires, qu'il serait sur un pied d'égalité avec ses rivaux et qu'il devrait à la conscience des juges la distinction qu'il aurait méritée. Il commence donc par déclamer un poème sur la scène ; puis, pressé par la foule de montrer au public tous ses talents – tels furent les termes employés –, il fait son entrée au théâtre, en obéissant à tous les règlements sur les concours de cithare, comme de ne pas s'asseoir en cas de fatigue, de n'essuyer la sueur qu'avec la robe qu'il portait comme vêtement, de dérober à la vue les excrétions de sa bouche ou de son nez. Enfin, fléchissant le genou et adressant de la main un salut respectueux à une telle assemblée, il attendait la sentence des juges avec une feinte anxiété.

Tacite, *Annales*, 16, 4, 2-4

L'acteur Néron a fait du chemin. Avec le temps, son répertoire s'est enrichi.

Il figura aussi dans des rôles tragiques de héros et de dieux, d'héroïnes et de déesses, sous des masques reproduisant ses propres traits ou ceux des femmes qui eurent tour à tour sa faveur. Il chanta entre autres « *L'accouchement de Canacé* », « *Oreste meurtrier de sa mère* », « *Œdipe devenu aveugle* », « *Hercule furieux* ». On raconte que durant cette pièce un tout jeune soldat qui montait la garde à la porte, voyant qu'on paraît Néron pour le sacrifice et qu'on le chargeait de chaînes, comme le demandait le sujet, accourut pour lui prêter main-forte.

Suétone, *Néron*, 21, 4-6

À 28 ans, c'est une force de la nature. Pendant ces jeux de 65, il lui arrive de rester dix heures en scène.

Mais ceux qui étaient venus des municipes éloignés et de l'Italie restée austère et attachée aux mœurs antiques, et ceux qui, vivant dans des provinces lointaines sans connaître la licence, étaient venus en missions officielles ou dans leur intérêt privé ne pouvaient soutenir ce spectacle ni suffire à cette tâche indigne, laissant leurs mains ignorantes tomber de lassitude, troublant ceux qui savaient et recevant souvent des coups des soldats, qui, debout entre les gradins, veillaient à ce qu'aucun moment ne s'écoulât dans de faibles acclamations ou dans un silence apathique.

Il est avéré que beaucoup de chevaliers, en essayant de trouver une issue à travers l'étroitesse des accès et la ruée de la foule, furent écrasés et que d'autres, à force de rester jour et nuit sur leurs sièges, furent atteints d'une maladie mortelle. Mais on courait un plus grave danger en n'assistant pas au spectacle, car il y avait des observateurs, nombreux en public, plus encore en secret, pour épier les noms et les visages, l'allégresse et la tristesse des participants. Après quoi, les petites gens étaient aussitôt livrées au supplice ; envers ceux de haut rang, la haine, dissimulée sur l'instant, était ensuite assouvie.

Tacite, *Annales*, 16, 5

Mais, encore une fois, la tragédie accompagne l'acteur Néron jusque dans sa propre demeure. Et le nouvel acte qui se joue ce soir-là, c'est la mort de Poppée. Les circonstances restent cependant mal établies. Alors qu'il rentre très tard d'une course de chars, Poppée, enceinte et malade, l'aurait accablé de reproches.

Après la fin des jeux, Poppée trouva la mort, victime d'une colère fortuite de son mari, dont elle reçut, étant enceinte, un violent coup de pied ; car je ne saurais croire au poison, malgré ce que rapportent certains historiens, par haine plus que par conviction. Néron désirait des enfants et il était passionnément épris de son épouse. Le corps ne fut pas consumé par le feu, selon l'usage romain, mais, à la manière des rois étrangers[13], il est embaumé par injection d'aromates puis porté au tombeau des Jules. On lui fit cependant des funérailles officielles, et Néron lui-même, auprès des rostres, la loua pour sa beauté, pour avoir donné le jour à une enfant divinisée, et pour les autres dons de la fortune, qui lui tenaient lieu de vertus.

Tacite, *Annales*, 16, 6

13. À la manière des Égyptiens.

Ce dernier trait d'ironie de Tacite nous rappelle que, derrière les pleurs officiels, nombreux sont ceux qui se réjouissent de la disparition de Poppée Sabina « en raison de son impudicité et de sa cruauté[14] ».

Cette Sabine vivait dans un luxe tel que les mules qui la conduisaient avaient des harnais d'or et que, chaque jour, on trayait cinq cents ânesses qui avaient mis bas récemment afin qu'elle pût se baigner dans leur lait ; car elle avait un soin extrême de la beauté et de l'éclat de sa personne, et c'est pour ce motif qu'un jour, dans son miroir, ne se voyant pas belle, elle souhaita mourir avant de perdre la fleur de la jeunesse. Néron la regretta tellement que dans les premiers temps qui suivirent sa mort, ayant appris qu'il y avait une femme dont les traits ressemblaient à ceux de Sabine, il la fit venir et la garda près de lui.

Dion Cassius, *Histoire romaine,* 62, 28

Et le poète Juvénal ne s'inspire-t-il pas de la figure de Poppée et de ses courtisanes lorsqu'il dépeindra, dans ses Satires, *les travers des femmes s'adonnant au luxe et à la débauche ? Un monument de misogynie…*

Une femme se passe tout, rien ne lui paraît honteux, du moment qu'elle peut se mettre au cou un collier d'émeraudes et suspendre de grands pendants à ses oreilles distendues. Rien de plus intolérable qu'une femme riche. Risible et hideuse à voir, sa face gonflée d'une couche épaisse de mie de pain, ou bien elle exhale l'odeur de la pommade Poppée : c'est à cette glu que se prennent les lèvres du pauvre mari. Pour l'amant, on se lave la peau ! Est-ce qu'on se préoccupe de se faire belle au logis ? C'est pour les galants que se fabriquent les essences et qu'on achète les parfums que vous nous expédiez, maigres Indiens.

14. Tacite, *Annales*, 16, 7, 1.

Mais la voici qui débarrasse son visage et met de côté la première couche : on commence à la reconnaître. Ensuite elle le baigne dans ce lait pour lequel elle se ferait suivre d'un troupeau d'ânesses jusqu'au pôle hyperboréen si elle y était exilée. Je le demande, ce visage sur lequel il faut appliquer et renouveler tous ces ingrédients, ces cataplasmes humides de farine cuite, doit-on l'appeler un visage ou un ulcère ?

Juvénal, *Satires,* 6, 458-473

Un peu plus tard, Néron demande à Antonia, une autre fille de Claude, de l'épouser. Celle-ci refuse. Au prétexte qu'elle serait une intime de Pison, il la fait exécuter pour complot. Il se tournera alors vers sa jeune maîtresse Statilia Messalina, veuve du consul Vestinus, et l'épousera en mai 66.

Mais, depuis la mort de Poppée, Néron est plongé dans une amertume vindicative. Le préfet Tigellinus nourrit sa paranoïa en le disant entouré d'ennemis.

Informé que son beau-fils Rufrius Crispinus, le fils de Poppée, encore enfant, se donnait dans ses jeux le rôle de général et d'empereur, il chargea ses propres esclaves de le noyer dans la mer, pendant qu'il pêchait.

Suétone, *Néron,* 35, 9

Tigellinus persuade Néron que les braises de la conspiration de Pison sont mal éteintes et qu'il faut poursuivre la répression.

Désormais, sans faire aucun choix, il fit périr suivant ses caprices n'importe quelle personne, sous n'importe quels prétextes. [...] Il accordait seulement un délai de quelques heures à ceux qui recevaient l'ordre de mourir. Et, pour prévenir tout retard, il leur envoyait des médecins chargés, en cas d'hésitation, de les « soigner » sur-le-champ : c'était son expression pour dire de leur ouvrir les veines, afin de provoquer la mort. Gonflé d'orgueil par de si brillants

« succès », il déclara « que nul empereur n'avait su tout
ce qui lui était permis », et souvent il laissa entendre, par
nombre d'allusions fort claires, qu'il n'épargnerait pas non
plus le reste du Sénat, qu'un jour il ferait disparaître cet
ordre de la république, pour confier les provinces et les
armées à des chevaliers romains et à des affranchis. En tout
cas, ni lorsqu'il arrivait au Sénat ni lorsqu'il en partait, il
ne donnait l'accolade à personne et ne répondait même pas
aux saluts.

Suétone, *Néron*, 37

*C'est ainsi qu'il fait assassiner le sénateur opposant Cassius
Longinus, aveugle,* « pour avoir laissé subsister sur un tableau
généalogique l'image de son ancêtre C. Cassius, l'un des
meurtriers de Jules César[15] ».

*La vengeance de Néron s'abat aussi sur la famille de L. Vetus
Antistius, qui avait partagé le consulat avec lui en 55 et dont le
gendre Rubellius Plautus avait été assassiné en 62 à l'instigation
de Tigellinus. Dénoncé par son affranchi, Vetus se retire sur ses
terres, où des soldats le gardent discrètement à vue.*

Il avait près de lui sa fille, que rendait implacable, outre
le péril menaçant, un long chagrin, depuis qu'elle avait vu
les assassins de son mari Plautus, dont elle avait tenu dans ses
bras la tête ensanglantée et dont elle conservait les vêtements
imprégnés de sang, veuve plongée dans un deuil continuel
et ne prenant de nourriture que pour survivre. Alors, cédant
à l'exhortation de son père, elle se rend à Naples ; et comme
on l'empêchait d'aborder Néron, épiant ses sorties, elle lui
criait sans cesse d'entendre un innocent et de ne pas livrer à
un affranchi son ancien collègue au consulat, tantôt avec des
lamentations de femme, parfois sur un ton agressif étranger

---

15. Suétone, *Néron*, 37, 2.

à son sexe, jusqu'au jour où le prince lui montra qu'il restait aussi insensible aux prières qu'à l'invective.

Tacite, *Annales*, 16, 10, 3-4

Après avoir distribué tous leurs biens aux esclaves pour ne rien laisser à Néron, le père, la fille et la grand-mère se suicident ensemble.

Figurent aussi sur la liste sanglante Annaeus Mela, le frère de Sénèque, Rufrius Crispinus, assassiné en Sardaigne où il avait été banni, et le poète Pétrone, l'auteur du Satiricon, *dont la mort se déroule de façon étonnante.*

Pétrone mérite un bref retour en arrière. De fait, il consacrait le jour au sommeil, la nuit aux devoirs et aux charmes de la vie. Si d'autres ont été portés à la renommée par l'activité, il y était arrivé, lui, par la nonchalance. Il ne passait pas pour un débauché et un dissipateur, comme la plupart de ceux qui dévorent leurs biens, mais pour un expert en jouissances. Et, dans ses paroles et ses actions, plus il affichait d'abandon et un certain laisser-aller, plus on trouvait d'agrément et une apparence de simplicité.

Cependant, proconsul en Bithynie, puis consul, il se montra énergique et à la hauteur des affaires. Puis, retombé dans ses vices, il fut admis par Néron au nombre de ses intimes, devenant l'arbitre du bon goût, en sorte que rien ne semblait agréable et délicat au prince, blasé par l'abondance, sauf ce que Pétrone lui avait recommandé. D'où la jalousie de Tigellinus, qui vit en lui un rival et un meilleur connaisseur des voluptés. Il provoque donc la cruauté du prince, devant laquelle cédaient toutes les autres passions, en imputant à Pétrone l'amitié de Scaevinus, après avoir corrompu un de ses esclaves en vue d'une dénonciation, lui avoir enlevé tout moyen de défense et avoir emprisonné la plus grande partie de sa domesticité.

Le hasard fit que César s'était rendu pendant ces jours en Campanie et que Pétrone l'avait suivi jusqu'à Cumes. Détenu dans cette ville, il ne supporta pas plus longtemps l'incertitude entre la crainte et l'espoir. Cependant, il ne rejeta pas brusquement la vie : il se fit inciser, puis bander les veines, selon son caprice, puis les fit ouvrir à nouveau, en adressant à ses amis des propos qui n'avaient rien de sérieux et ne visaient pas à gagner un renom de fermeté ; et il entendait en retour, non des réflexions sur l'immortalité de l'âme et les maximes des sages, mais des poésies légères et des vers badins. À une partie de ses esclaves il fit donner des largesses, à certains des coups de fouet. Il prit part au repas, se livra au sommeil, pour que sa mort, quoique forcée, parût fortuite. Il ne rédigea même pas de codicille[16], comme la plupart de ceux qui périssaient, pour flatter Néron, Tigellinus ou quelques autres parmi les puissants. Mais il retraça en détail les ignominies du prince, en désignant nommément les débauchés et les courtisanes, avec l'originalité de chaque perversion, apposa son sceau sur cet écrit et l'envoya à Néron. Puis il brisa son cachet, afin d'éviter qu'on ne s'en servît ensuite pour fomenter des périls.

Tacite, *Annales*, 16, 18 – 19

En ce début de l'an 66, Néron ne semble plus avoir de limites. « Et il finit par concevoir le désir d'exterminer la vertu elle-même[17] » *en faisant périr Thrasea Paetus, le sénateur stoï-cien qui ne s'était pas montré aux funérailles de Poppée et dont la posture en toute occasion était un désaveu cinglant pour l'empereur. L'ex-proconsul d'Asie, Barea Soranus, est également visé. Leurs cas agitent fortement la cité. Les accusés tentent de se défendre. Ils ont des partisans prêts à s'engager pour leur cause. Mais les*

16. Il s'agit d'une lettre qui amende un testament, en offrant à un puissant ou à l'empereur même une part de son héritage.

17. Tacite, *Annales*, 16, 21, 1.

accusateurs sont généreusement payés. Et, toute honte bue, le Sénat se soumet au désir de Néron.

Soranus donc fut mis à mort comme ayant eu recours, par l'entremise de sa fille, à certaines pratiques de magie, car ils avaient offert un sacrifice pendant une maladie du prince. Quant à Thrasea, ce fut parce qu'il ne venait pas assidûment au Sénat, n'approuvant pas les décrets qui s'y rendaient, parce qu'il n'avait jamais écouté Néron chanter sur la lyre, parce qu'il n'avait jamais sacrifié, comme les autres, à sa divine voix, parce qu'il n'avait donné aucun spectacle, bien qu'à Padoue, sa patrie, il eût, suivant une coutume nationale, fait représenter une tragédie dans une fête qui se célébrait tous les trente ans. Après s'être fait ouvrir les veines, il éleva la main et dit :

– C'est à toi, Jupiter Libérateur, que j'offre ce sang en libation !

Dion Cassius, *Histoire romaine,* 62, 26

Mais les trompettes du triomphe résonnent à nouveau dans Rome.

On choisit pour la condamnation le moment où Tiridate venait recevoir la couronne d'Arménie afin que la rumeur publique, tournée vers les affaires extérieures, laissât dans l'ombre un crime domestique, ou peut-être pour que Néron fît étalage de sa puissance impériale par le meurtre d'hommes éminents – une action vraiment digne d'un roi !

Tacite, *Annales*, 16, 23, 2

Tiridate, en effet, est à Rome… Pendant toutes ces années, la confrontation entre l'Empire parthe et l'Empire romain pour la domination de l'Arménie est restée brûlante. Nous avions laissé l'Arménie en 59 lorsque le général Corbulon, ayant chassé le Parthe Tiridate et conquis les deux capitales, Artaxate et Tigranocerte,

avait installé sur le trône Tigrane, un roi inféodé à Rome, venu
de Cappadoce. Mais cet état de fait ne fut pas toléré longtemps,
tant par les Arméniens hostiles aux Romains que par le roi par-
the Vologèse. En 61, la guerre reprend sur deux fronts : Tiridate
réoccupe l'Arménie tandis que son frère Vologèse attaque les légions
romaines en Syrie.

Néron songe alors à l'annexion pure et simple de l'Arménie. Mais
le général Caesonius Paetus, chargé de l'opération, est battu en 63
à Rhandeia. Un traité humiliant est signé, les troupes romaines
étant obligées d'acclamer le roi parthe. Néron dit vouloir reprendre
la guerre et la diriger lui-même sur le terrain. Mais, convaincu par
Corbulon de ne pas relancer une offensive incertaine et ruineuse, il
opte pour une solution diplomatique. De son côté, soucieux d'éviter
la guerre totale avec les Romains, le roi parthe préfère parler de
paix. Une trêve est décidée, et Vologèse envoie une ambassade à Rome.
Après de difficiles palabres, on s'entend sur un habile compromis :
que Tiridate reprenne le trône d'Arménie, et alors celui-ci viendrait
à Rome recevoir sa couronne des mains de Néron.

Tiridate se met alors en route pour un long, très long voyage.

Tiridate était dans la fleur de l'âge et de la beauté,
distingué par la noblesse de sa race et de ses sentiments. Il
était accompagné de toute la pompe d'un roi, trois mille
cavaliers parthes, sans parler d'un grand nombre de Romains,
marchaient à sa suite. Les villes l'accueillaient, lui et son
cortège, brillamment parées, et les peuples faisant entendre
des acclamations joyeuses. Tout le nécessaire était fourni
gratuitement, en sorte que la dépense revenait au trésor
public à deux millions de drachmes par jour.

Cela dura pendant les neuf mois de leur voyage. Tiridate
fit partout la route à cheval jusqu'en Italie. À côté de lui
chevauchait sa femme, portant un casque d'or en guise de
coiffure, afin de ne pas être vue, selon la coutume de son
pays. En Italie, il voyagea dans des chars que Néron lui
avait envoyés, et il alla le trouver à Naples par le Picénum.

Néanmoins, en approchant de lui, il refusa, malgré l'ordre qu'il en reçut, de déposer son cimeterre, et se contenta de le clouer dans son fourreau, bien qu'il eût mis le genou en terre, qu'il eût croisé ses mains, qu'il eût donné au prince le nom de maître et l'eût adoré.

Néron, admirant cette action de Tiridate, lui fit un accueil favorable et donna en son honneur un combat de gladiateurs à Putéoles. Ce fut Patrobius, son affranchi, qui eut le règlement de ces jeux ; il déploya tant de magnificence et dépensa tant que, pendant tout un jour, on ne vit paraître sur les gradins du théâtre que des hommes, des femmes et des enfants d'Éthiopie. Il fallait bien, pour un tel service, accorder quelque honneur à Patrobius, Tiridate tira, du haut de son siège, sur les bêtes, et, si la chose est croyable, d'un seul coup de flèche, il perça et tua deux taureaux à la fois.

Dion Cassius, Histoire romaine, 63, 2-3

Puis Néron conduit Tiridate à Rome, où il lui faut habiller le compromis en victoire éclatante.

La ville entière était décorée de lumières et de guirlandes. On voyait partout une foule prodigieuse, le forum surtout en était rempli ; le milieu de la place était occupé par le peuple en rangs, avec des vêtements blancs et des lauriers, le reste par les soldats couverts d'armes tellement éclatantes qu'armes et enseignes lançaient des éclairs. Les tuiles mêmes de tous les édifices étaient cachées par la multitude des personnes qui y étaient montées. Ces préparatifs achevés de nuit à l'avance, Néron, à la pointe du jour, entra dans le forum, revêtu de la toge triomphale et accompagné du Sénat et de la garde prétorienne. Il monta sur son tribunal et s'assit sur la chaise curule. Après cela, Tiridate et ceux de sa suite passèrent au milieu des soldats disposés en haie, et, arrivés au pied du tribunal, adorèrent l'empereur comme la première fois.

Un grand cri, qui s'éleva à ce moment, étonna si fort Tiridate qu'il en perdit un instant la parole comme s'il eût été un homme mort. Néanmoins, quand le silence fut rétabli par le héraut, il se rassura et, faisant violence à sa fierté, il se plia à la circonstance et à son intérêt, se souciant peu, dans l'espoir de ce qu'il allait obtenir, de s'humilier en paroles. Il s'exprima en ces termes :

— Maître, je suis descendant d'Arsace, frère des rois Vologèse et Pacorus, et ton esclave. Je suis venu vers toi, qui es mon Dieu, pour t'adorer comme Mithra[18]. J'aurai la destinée que m'auront filée tes fuseaux, car, pour moi, tu es la Parque et la Fortune.

Néron lui répondit :

— Tu as été sage de venir ici, afin de jouir en personne de la présence de ma personne, car les biens que ton père ne t'a pas laissés, que tes frères, qui te les avaient donnés, n'ont pas conservés, je te les accorde. Je te fais roi d'Arménie, pour vous apprendre, à toi et à eux, que j'ai le pouvoir d'ôter les royaumes et de les donner.

Ayant ainsi parlé, il lui ordonna de monter par un chemin qui avait été établi à cet effet en avant du tribunal, et, quand Tiridate fut assis à ses pieds, il lui posa le diadème sur la tête. Alors se firent entendre mille cris de toute sorte.

Dion Cassius, *Histoire romaine,* 63, 4-5

Salué *imperator* pour ce fait, Néron porta au Capitole une couronne de lauriers et ferma le temple de Janus à deux têtes, estimant qu'il ne restait plus aucune guerre.

Suétone, *Néron*, 13, 4

---

18. Divinité indo-européenne vénérée dans la Perse antique. Son culte se propagera dans tout l'Empire romain et connaîtra son apogée au IIIe siècle, avant que le christianisme ne le déclare illégal.

Pour recevoir Tiridate – la chose peut sembler à peine croyable –, il prit dans le Trésor huit cent mille sesterces par jour, et lors de son départ il lui en donna plus de cent millions.

Suétone, *Néron*, 30, 4

Et pour finir, bien entendu, Néron emmène Tiridate au cirque et l'installe à sa droite.

Le théâtre, non seulement la scène, mais encore tout le pourtour intérieur, était doré, et tous les objets qui y entrèrent étaient rehaussés d'or, ce qui fit donner à ce jour le nom de « jour d'or ». Les voiles tendus en l'air pour garantir du soleil étaient en étoffe de pourpre ; au milieu était brodé Néron, conduisant un char, et tout à l'entour brillaient des étoiles d'or. C'est ainsi que les choses se passèrent. En outre il y eut, cela est évident, un festin somptueux. De plus, Néron joua de la lyre et conduisit un char, vêtu de l'habit vert et coiffé du casque des cochers. Tiridate, indigné de ce spectacle et donnant des éloges à Corbulon, ne blâmait ce dernier que d'une seule chose, c'est qu'il supportât de servir un tel maître. Aussi ne dissimula-t-il pas ses sentiments à l'empereur lui-même. Il lui dit un jour :

– Maître, tu as un excellent esclave dans Corbulon !

Ces paroles ne furent pas comprises.

Dion Cassius, *Histoire romaine*, 63, 6

LA GRANDE TOURNÉE

L'épisode fastueux de la réception de Tiridate a pour effet de raviver le désir d'Orient de Néron.

Lui qui vient d'être comparé à Mithra par le roi parthe songe plus que jamais à ouvrir Rome à d'autres influences, voire d'unir dans un même souffle l'Orient et l'Occident pour le bien de l'Empire. Lui qui n'a pas encore voyagé parle d'entreprendre des grandes expéditions à l'exemple d'Alexandre le Grand, vers l'Égypte, l'Inde, l'Afrique, les sources du Nil... Lui qui a l'esprit poète, sait aussi se faire marchand en cherchant pour Rome de nouvelles routes commerciales vers l'est, et crée à cet effet une flotte de la mer Noire dans le projet d'adjoindre à l'Empire les régions du Caucase.

Mais c'est la Grèce qui occupe ses rêves les plus chers. Sans doute las des complots de Rome, et comme s'il plaçait l'art au-dessus de la politique, il part pour l'Achaïe en septembre 66, où il espère faire la démonstration de ses talents de poète et d'aurige.

Voici surtout ce qui motiva son départ. Les cités de cette province où se donnent régulièrement des concours de musique avaient décidé de lui envoyer toutes les couronnes de citharèdes. Il les acceptait avec une telle reconnaissance que, non content de recevoir avant tous les autres les délégués qui les lui apportaient, il les admettait à ses dîners intimes. Comme certains d'entre eux l'avaient prié de chanter au cours du repas et s'étaient ensuite répandus en louanges, il déclara « que seuls les Grecs savaient écouter, qu'ils étaient les seuls auditeurs dignes de Néron et de son art ». Il partit donc sans différer et, sitôt qu'il eut abordé à Cassiope, il fit ses débuts en chantant devant l'autel de Jupiter Cassius, puis, à partir de ce moment, se présenta dans tous les concours.

Suétone, *Néron*, 22, 5-9

Il n'avait plus assez de Rome, ni du théâtre de Pompée, ni du grand cirque. Il lui fallait sortir de l'Italie, afin, comme il le disait, de devenir périodonique[1]. Il emmenait avec lui non seulement une foule d'Augustiani[2], mais toute une armée d'autres personnes, aussi nombreuse que si elle eût été levée pour une guerre ou que s'il se fût agi de subjuguer les Parthes ou les autres nations. C'étaient des soldats tels que pouvaient être des néroniens. Ils portaient, comme armes, des lyres, des archets, des masques et des cothurnes.

Dion Cassius, *Histoire romaine,* 63, 8

Curieusement, Néron ne semble pas avoir fixé de limite dans le temps à ce pèlerinage aux sources de l'hellénisme. D'autant qu'il envisage ensuite de se rendre en Égypte. Est-il inconscient du danger que représente une si longue absence ? Ou songe-t-il déjà à un voyage sans retour ?

Quoi qu'il en soit, avant de partir, il a pris soin de confier la conduite des affaires à son principal affranchi Helius. Le comportement de ce personnage de mauvaise réputation aboutira à la rupture définitive entre Néron et l'aristocratie du Sénat, déjà scandalisée par la tournée artistique d'un empereur romain.

Tous les habitants de Rome et de l'Italie furent livrés à la discrétion d'un certain césarien, Helius. Car cet Helius avait

---

1. Est « périodonique » le concurrent qui a remporté la victoire dans les quatre jeux sacrés de la Grèce : Olympie, Delphes, Némée, Corinthe.

2. Le groupe de laudateurs stipendiés chargés de faire applaudir Néron lors de ses prestations sur scène (voir chapitre « Salut l'artiste ! »).

été investi d'un pouvoir si absolu qu'il confisquait, exilait et tuait, avant même d'en rien communiquer à Néron, simples particuliers, chevaliers et sénateurs. Ainsi l'Empire romain était l'esclave de deux empereurs, de Néron et d'Helius. Je ne saurais dire lequel des deux était le pire, car leurs actions se ressemblaient en tout, et il n'y avait entre eux de différence qu'en un seul point, c'est que l'un, descendant d'Auguste, imitait les joueurs de lyre et les tragédiens, et que l'autre, simple affranchi de Claude, imitait les Césars. Quant à Tigellinus, je ne le compte que comme une addition à Néron, attendu qu'il était continuellement avec lui.

Dion Cassius, *Histoire romaine*, 63, 12

Dans sa suprême insouciance, Néron est tout à ses plaisirs esthétiques. En Grèce, il décide de tout, y compris du calendrier des concours.

En effet, non seulement il ordonna de grouper en une seule année ceux qui ont lieu à des dates très différentes, en faisant même recommencer quelques-uns, mais, contrairement à l'usage, il organisa un concours de musique même à Olympie. Et, ne voulant pas être distrait ni dérangé par quoi que ce fût au milieu de ces occupations, comme une lettre de son affranchi Helius l'avertissait que les affaires de Rome réclamaient sa présence, il lui répondit en ces termes :

— Vous êtes d'avis et vous désirez maintenant que je m'empresse de revenir, alors que vous devriez bien plutôt me conseiller et me souhaiter de revenir digne de Néron !

Pendant qu'il chantait, il n'était pas permis de sortir du théâtre, même en cas de nécessités. Aussi, paraît-il, des femmes accouchèrent pendant le spectacle, et nombre de personnes lasses d'écouter et d'applaudir, mais sachant les portes des villes fermées, sautèrent furtivement par-dessus les remparts ou se firent porter en feignant d'être mortes. Par ailleurs, lorsqu'il concourait, il montrait tant d'émotion et d'anxiété, tant de jalousie à l'égard de ses adversaires, comme s'ils eussent été de tout point ses égaux, qu'il les épiait, leur tendait des pièges, les décriait secrètement, quelquefois les accablait d'injures quand il les rencontrait, cherchait même à les corrompre, s'ils avaient un talent supérieur au sien.

Quant aux juges, avant de commencer, il leur disait très humblement « qu'il avait fait tout son possible, mais que le succès était entre les mains de la Fortune ; que dans leur sagesse et dans leur compétence ils devaient faire abstraction de ce qui tient au hasard ». Les juges l'invitant alors à prendre confiance, il s'en allait plus tranquille, mais non sans garder quelque inquiétude, attribuant le silence et la réserve de certains d'entre eux à des dispositions chagrines et malveillantes et déclarant qu'ils lui étaient suspects.

Suétone, *Néron*, 23

Musonius Rufus est un philosophe stoïcien que Néron avait exilé en Grèce, le soupçonnant d'être lié à la conspiration de Pison. Peut-être a-t-il laissé à ses proches quelques impressions de son séjour, car, bien des années plus tard, Lucien de Samosate en fait un témoin privilégié dans l'une de ses œuvres dialoguées où il évoque le voyage de Néron en Grèce.

MÉNÉCRATE. – Quelle voix a donc ce tyran, Musonius, pour le rendre si passionné pour la musique et pour les Jeux olympiques et pythiques ? Parmi ceux que j'ai vus aborder à Lesbos, les uns admiraient son talent, les autres s'en moquaient.

MUSONIUS. – Néron n'est, à cet égard, ni admirable ni ridicule. La nature lui a donné une voix passable et ordinaire. Le son en est creux et rauque, parce qu'il contracte le gosier, ce qui fait de son chant une sorte de bourdonnement désagréable. Cependant il a des notes qui en adoucissent le timbre, quand il ne lance pas sa voix avec trop d'assurance. Mais, en somme, exceller dans les nuances de la gamme, dans la mélopée, la roulade, l'accompagnement précis de la cithare, savoir suivre le tempo, s'arrêter, se déplacer et régler ses mouvements sur la mesure, n'est-ce pas une honte pour un empereur ?

Il faut le voir surtout imiter les grands artistes ! Bons dieux ! Quels rires, malgré les terreurs que peut causer une moquerie ! Il remue la tête en retenant sa respiration, se tient sur la pointe des pieds et se cambre comme les patients attachés sur une roue. Son teint, naturellement rouge, devient pourpre, et son visage s'enflamme. Il a la respiration courte, et son haleine n'est jamais suffisante.

Lucien de Samosate, 78,
Néron ou le Percement de l'isthme, 6-7

Dans le concours, il se conformait à tel point au règlement qu'il n'osa jamais cracher et qu'il essuyait même avec son bras la sueur de son front. Bien plus, comme il avait, au cours d'une scène tragique, laissé échapper son sceptre qu'il s'empressa de ressaisir, pris de peur et craignant que cette faute ne le fît exclure du concours, il ne se remit qu'en entendant son pantomime[3] lui jurer que la chose était passée inaperçue au milieu de l'enthousiasme et des acclamations du peuple. C'était lui-même qui se proclamait vainqueur. Aussi concourut-il également partout comme héraut[4]. Et, pour qu'il ne subsistât nulle part ni souvenir ni trace des anciens vainqueurs des jeux sacrés, il ordonna d'abattre, de traîner avec un croc et de jeter aux latrines toutes leurs statues et leurs portraits.

Il conduisit aussi des chars dans plusieurs concours, et même parut aux Jeux olympiques avec un attelage de dix

---

3. Celui qui accompagne de gestes et de postures la déclamation d'un acteur.
4. Le héraut proclame les résultats et brandit une étoffe portant la couleur des vainqueurs.

chevaux, quoique dans l'un de ses poèmes il eût blâmé le
roi Mithridate précisément pour ce fait. Il fut d'ailleurs
précipité de son char. On l'y replaça, mais, ne pouvant tenir
jusqu'au bout, il dut s'arrêter avant la fin de la course, ce
qui ne l'empêcha point d'être couronné.

Suétone, *Néron*, 24, 1-4

Mais il avait surtout la passion de la popularité et
prétendait rivaliser avec tous ceux qui, à un titre quelconque,
possédaient la faveur de la foule. [...] De fait, il s'exerçait
régulièrement à la lutte et dans toute la Grèce il n'avait
jamais assisté aux concours gymniques sans se tenir assis par
terre dans le stade, à la façon des arbitres, ramenant parfois
de ses propres mains au milieu de l'arène les couples qui s'en
écartaient trop. Voyant qu'on le mettait au niveau d'Apollon
pour le chant, et du Soleil pour la conduite des chars, il avait
même résolu d'imiter aussi les exploits d'Hercule. Il avait,
dit-on, fait préparer un lion qu'il devait, paraissant tout
nu dans l'arène de l'amphithéâtre, soit assommer à coups
de massue, soit étouffer entre ses bras, sous les regards du
peuple.

Suétone, *Néron*, 53

*Mais des mauvaises nouvelles en provenance de Judée vien-
nent gâcher la fête. Au cours des derniers mois, la colère des Juifs
n'a cessé de croître à cause des exactions du procurateur Gessius
Florus. À présent, les batailles de rues ont tourné à la guerre
d'indépendance.*

Lorsque Néron apprit les revers subis en Judée, il fut
saisi, naturellement, d'une stupeur et d'une crainte secrètes,
mais au-dehors il affectait le dédain et la colère. Il disait
que ces accidents étaient dus à la négligence des généraux
plutôt qu'à la valeur des ennemis. Dans sa pensée, il se

devait, pour la dignité de l'Empire, de traiter par le mépris les événements attristants et de montrer qu'il avait l'âme au-dessus de toute adversité. Toutefois, le trouble de son âme se trahissait par des signes d'inquiétude lorsqu'il se demandait à qui confier l'Orient en état d'agitation ; qui saurait châtier l'insurrection des Juifs et prévenir le mal chez les nations voisines déjà atteintes par la contagion.

Il ne trouva que le seul Vespasien qui fût à la hauteur de la tâche et capable d'affronter une guerre d'une telle ampleur ; un homme qui avait blanchi dans les expéditions depuis sa jeunesse, qui avait jadis pacifié pour Rome l'Occident troublé par les Germains : par ses armes il lui avait ajouté la possession de la Bretagne, jusqu'alors inconnue, ce qui avait valu à Claude, père de Néron, les honneurs du triomphe, sans labeur de sa part.

Trouvant ce passé de bon augure et considérant que la pondération de l'âge accompagnait en lui l'expérience, que ses fils constituaient un gage très sûr de sa fidélité, que leur jeunesse en ferait l'instrument de l'intelligence de leur père, peut-être aussi sous l'impulsion de Dieu, qui préparait déjà le destin de l'Empire, il envoie Vespasien prendre le commandement des troupes en Syrie, après l'avoir comblé, vu l'urgence de la situation, de toutes les flatteries et de tous les compliments que commandaient les nécessités de l'heure.

Flavius Josèphe, *Guerre des Juifs*, 3, 1-7

Et, pour cause, les relations entre Néron et Vespasien étaient pour le moins crispées !

Il fit partie de la suite de Néron durant le voyage en Achaïe, mais, comme il se dérobait trop fréquemment aux séances de chant données par l'empereur ou n'y assistait que pour s'endormir, il encourut une complète disgrâce et, s'étant vu exclure non seulement de la cour mais encore des réceptions publiques, il se retira dans une petite ville écartée, jusqu'au jour où on lui offrit, alors qu'il cherchait à se cacher et même redoutait les pires malheurs, une province et le commandement d'une armée.

Suétone, *Vespasien*, 4, 8

C'est aussi durant ce long séjour en Grèce que Néron célèbre une étonnante union.

Après avoir fait émasculer un enfant nommé Sporus, il prétendit même le métamorphoser en femme, se le fit amener avec sa dot et son voile rouge, en grand cortège, suivant le cérémonial ordinaire des mariages, et le traita comme son épouse. C'est ce qui inspira à quelqu'un cette plaisanterie assez spirituelle :

– Quel bonheur pour l'humanité si Domitius son père avait pris une telle femme !

Ce Sporus, paré comme une impératrice et porté en litière le suivit dans tous les centres judiciaires et marchés de la Grèce puis, à Rome, Néron le promena aux Sigillaires en le couvrant de baisers à tout instant.

Suétone, *Néron*, 28, 3-4

En raison de sa ressemblance avec la défunte Poppée, Néron donne à Sporus le nom de Sabina.

Tous les Grecs célébrèrent ces noces par des acclamations appropriées à la circonstance et par le souhait de voir naître de cette union des enfants légitimes. À partir de ce moment, Néron eut commerce avec Pythagoras comme avec un mari, et avec Sporus comme avec une femme. Car, outre ses autres noms, on lui donnait ceux de dame, de reine et de maîtresse.

Dion Cassius, *Histoire romaine*, 63, 13

La vision de cet épisode insolite est peut-être rétrécie à l'idée que ces historiens se font de Néron, celle d'un monstre débauché. Certes, il semble bien s'être amouraché de Sporus... Selon d'autres interprétations, il pourrait s'agir d'une sorte de mariage mystique s'inscrivant dans les rites d'un culte oriental lié à Cybèle ou à Mithra. Mais, si l'on en croit Suétone, l'attitude de Néron à l'égard de la religion est pour le moins équivoque.

Méprisant toutes les formes de religion, il n'eut de culte que pour une déesse syrienne[5], mais par la suite il lui marqua un tel dédain qu'il la souilla de son urine, lorsqu'il se fut abandonné à une autre superstition, la seule à laquelle il resta inébranlablement attaché : un homme du peuple, qu'il ne connaissait pas, lui avait fait cadeau d'une statuette représentant une jeune fille qui devait le préserver des complots. Or, une conjuration ayant été découverte aussitôt après, il l'honora jusqu'à la fin comme une divinité toute-puissante, lui offrant chaque jour trois sacrifices, et il voulait croire qu'elle lui dévoilait l'avenir. Quelques mois avant sa mort, il consulta aussi les entrailles des victimes, mais il n'obtint jamais de présages favorables.

Suétone, *Néron*, 56

En dehors de ses prestations équestres et lyriques, Néron, fidèle à lui-même, se livre en Grèce à quelques exactions et rapines à l'encontre de la population. Avec Tigellinus, il multiplie les vols d'objets de valeur et les captations d'héritages. Il frappe aussi un certain nombre d'exilés romains ou de citoyens de premier rang qui font partie de sa suite.

5. Il s'agit probablement de Cybèle – appelée aussi Agdistis –, divinité d'origine phrygienne, l'une des plus importantes du Proche-Orient. Elle incarne la Nature. Les prêtres de Cybèle sont des eunuques par castration volontaire. Ceci peut expliquer le cas de Sporus.

Puis il prend pour cible ceux dont les succès personnels pourraient accroître la puissance. C'est le cas notamment du grand général Corbulon et des frères Rufus et Proculus Scribonius.

Je parlerai des deux derniers, parce qu'étant frères et, pour ainsi dire, du même âge, n'ayant jamais rien fait l'un sans l'autre, unis par la naissance, aussi bien que par l'inclination et la fortune, ils gouvernèrent longtemps ensemble les deux Germanies et vinrent en Grèce, mandés par Néron, sous prétexte qu'il avait besoin d'eux. Puis, accusés des crimes du temps, sans avoir parlé au prince ni paru devant lui, outragés par tous pareillement à cause de cette disgrâce, ils aimèrent mieux mourir et terminèrent leur vie en s'ouvrant les veines.

De Corbulon, parce que, mandé avec de grands témoignages d'estime par Néron, qui ne cessait de l'appeler son père et son bienfaiteur, quand il aborda à Cenchrée, avant qu'il parût en présence du prince, ordre fut donné de le mettre à mort. Néron, disent certains historiens, était alors sur le point de jouer de la lyre, et il ne souffrait pas d'être vu par Corbulon en habit orthostadien[6]. Corbulon comprit aussi l'intention de l'empereur, saisit son épée et s'en porta un coup vigoureux, en disant :

– Je l'ai mérité !

Car alors, pour la première fois, il crut qu'il avait mal fait d'épargner un joueur de lyre et d'être venu le trouver sans armes.

Dion Cassius, *Histoire romaine,* 63, 17

En matière de punitions, il ne néglige aucun détail.

Voilà de quelle manière Néron se conduisait en Grèce. Qu'est-il nécessaire, en effet, de dire qu'il fit mourir le danseur Pâris parce qu'ayant voulu apprendre de lui à danser

6. Tunique sans ceinture des citharèdes.

il n'avait pas pu réussir, qu'il exila Caecina Tuscus parce qu'étant gouverneur d'Égypte il s'était baigné dans un bain qu'on avait construit pour Néron dans l'attente de son arrivée à Alexandrie.

Dion Cassius, *Histoire romaine*, 63, 18

En novembre 67, Néron arrive à Corinthe pour participer aux Jeux isthmiques. Ce sera l'ultime étape d'un voyage qu'il considère comme un grand succès à la gloire de l'Empire romain. Il conçoit alors un projet gigantesque.

En Achaïe, entreprenant de percer l'isthme de Corinthe, il harangua les prétoriens pour les encourager à se mettre à l'ouvrage, puis, au signal de la trompette, donna lui-même les premiers coups de bêche, remplit une hotte de terre et l'emporta sur ses épaules.

Suétone, *Néron*, 19, 3

Et nous retrouvons notre témoin Musonius qui, si l'on en croit Lucien de Samosate, aurait été forcé de participer aux travaux.

Musonius. – Quant au percement de l'isthme, il n'y avait pas songé de longue main, mais c'est la vue du lieu et de sa position qui lui inspira l'idée d'une gigantesque entreprise : il voulut imiter ce roi qui, pour conduire les Grecs devant Troie, sépara l'Eubée de la Béotie par le canal de l'Euripe, qui passe près de Chalcis ; Darius, qui jeta un pont sur le Bosphore afin de descendre chez les Scythes ; Xerxès, enfin, qui surpassa tous les ouvrages précédents par la grandeur de son œuvre.

Il croyait, en outre, que cette facilité nouvelle de communication ferait de la Grèce une sorte de rendez-vous brillant et de banquet de tous les autres peuples, car les tyrans, malgré l'ivresse de leur esprit, aiment cependant à s'entendre célébrer. Néron sortit donc de sa tente, chantant l'hymne d'Amphitrite et de Neptune, et quelques couplets en l'honneur de Mélicerte et de Leucothoé. Le gouverneur de la Grèce lui présenta un hoyau d'or, et l'empereur se mit en devoir de commencer le creusement au milieu des applaudissements et des chants. Par trois fois il frappa la terre et, recommandant ensuite aux ouvriers la prompte exécution de l'ouvrage, il rentra dans Corinthe, se persuadant qu'il avait surpassé tous les travaux d'Hercule. Les prisonniers furent employés aux travaux pénibles des parties rocheuses, l'armée à ceux des terrains unis et légers.

Il y avait cinq ou six jours que nous étions, pour ainsi dire, enchaînés sur l'isthme lorsqu'un bruit vague se répandit de Corinthe que Néron avait changé d'avis. On disait que des géomètres égyptiens, ayant mesuré la hauteur des deux mers, ne les avaient point trouvées de niveau. Ils croyaient que celle du golfe des Léchéens était plus élevée et qu'il y avait à craindre qu'Égine fût submergée si une mer aussi considérable venait tout à coup s'y répandre. Ce n'était point assez pour arrêter Néron : Thalès lui-même, ce philosophe si sage, si versé dans l'étude de la nature, n'y eût pas réussi. Il en était plus jaloux que de chanter en public.

Lucien de Samosate, 78,
Néron ou le Percement de l'isthme, 2-4

De fait, sur ce faux prétexte ou un autre, les travaux en resteront là[7].

Enfin, l'empereur se montre magnanime. Avis à la population :

Comme j'entends récompenser l'Hellade, la plus noble des nations, de l'affection et de la piété qu'elle me témoigne, j'invite les habitants de cette province à être présents, en

---

7. Le canal de Corinthe ne sera creusé qu'au XIXe siècle.

aussi grand nombre que possible, à Corinthe, le quatrième jour avant les calendes de décembre[8].

Les historiens du temps n'accordent que peu de place à cette proclamation de Corinthe du 28 novembre 67. Gravée sur la stèle d'Acraephiae, elle est sans doute la seule occasion qui nous est donnée d'entendre résonner la voix de Néron, avec son éloquence propre. Alors que depuis plus d'un an la Grèce se plie à tous ses désirs, il manifeste ici sa joie et sa reconnaissance, dans un style empreint de cette emphase vaniteuse qui le caractérise, où se mêlent flatterie et autocélébration.

C'est un don inattendu pour vous, Hellènes – encore que de ma bonté magnanime on doive tout espérer –, que je vous accorde, et si grand que vous ne pouviez même le solliciter. Vous tous, habitants de l'Achaïe ou de la terre jusqu'ici nommé Péloponnèse, Hellènes, recevez, avec l'exemption de tous les tributs, la liberté que, même aux jours les plus fortunés de votre histoire, vous n'avez pas possédée tous ensemble, vous qui toujours fûtes esclaves ou de l'étranger ou les uns des autres. Ah ! Que n'ai-je pu, aux temps prospères de l'Hellade, donner ce cours à mes bontés, pour voir jouir de ma faveur un plus grand nombre d'hommes ! Et c'est pourquoi j'en veux au temps qui a amoindri d'avance la grandeur d'un tel bienfait. Aussi bien, en ce jour, ce n'est pas la pitié, c'est l'affection seule qui me fait généreux envers vous. Et je rends grâces à vos dieux, ces dieux dont, sur terre et sur mer, toujours, j'éprouvai la protection, de m'avoir donné l'occasion d'être si grandement bienfaisant. Des villes ont pu recevoir d'autres princes leur liberté, Néron la rend à une province entière[9].

8. Traduction de Maurice Holleaux, archéologue français qui découvrit la stèle d'Acraephiae lors des fouilles du temple d'Apollon Ptoos. *Bulletin de correspondance hellénique*, 1888.

9. *Idem.*

En accordant l'autonomie aux Grecs, assortie d'une exonération d'impôts, Néron a fait encore une fois les choses en grand. Pour le remercier, on attribue à « Néron empereur très grand, entre tous les hommes de tous les temps, Soleil nouveau qui illumine les Hellènes », une dédicace auprès de l'autel de Zeus Sauveur :

« À Néron, Zeus Libérateur de toute éternité[10]. »

Que pouvait-il espérer de mieux dans ses rêves les plus fous ? Mais, rattrapé par les réalités, Néron doit se résoudre à regagner Rome et renoncer à l'autre grand objet de son désir, l'Égypte.

Helius avait écrit plusieurs fois auparavant à Néron pour l'engager à revenir au plus vite. Mais, comme il ne se rendit pas à son invitation, il vint lui-même en Grèce en sept jours et l'effraya de telle sorte par le récit d'une conjuration qui avait été formée à Rome contre lui que le prince partit à l'heure même pour repasser en Italie. On eut quelque espoir qu'une tempête le ferait périr, mais la joie de beaucoup fut vaine, il échappa. Quelques-uns même furent mis à mort, rien que pour avoir souhaité et espéré sa perte.

Dion Cassius, *Histoire romaine*, 63, 19

10. *Idem.*

QUEL ARTISTE MEURT AVEC MOI !

L'univers, après avoir supporté un pareil empereur un peu moins de quatorze ans, le déposa enfin, et ce furent les Gaulois qui donnèrent le signal, sous la conduite de Julius Vindex, qui gouvernait alors cette province en qualité de propréteur.

Les astrologues avaient autrefois prédit à Néron qu'il serait un jour déposé. C'est à ce propos qu'il prononça le mot célèbre : « L'art nous fera vivre », afin de se rendre évidemment plus excusable de cultiver l'art des citharèdes, agréable pour un prince, mais nécessaire pour un simple particulier. Pourtant, certains lui avaient promis qu'après sa déposition il serait le maître de l'Orient – du royaume de Jérusalem, spécifiaient quelques-unes –, et plusieurs, qu'il retrouverait toute son ancienne puissance.

Suétone, *Néron*, 40, 1-3

Les nouvelles alarmantes qui, selon Helius, avaient justifié le retour de Néron à Rome, provenaient effectivement de la Gaule lyonnaise, dont le gouverneur, Julius Vindex, avait décidé de défier l'empereur. Issu d'une famille royale gauloise, Vindex était aussi le fils d'un sénateur romain.

Ce Vindex ayant rassemblé les Gaulois qui avaient eu beaucoup à souffrir de nombreuses exactions et qui, maintenant encore, avaient à souffrir de Néron, et montant sur une tribune, il s'étendit en un long discours contre

Néron, prétendant qu'il fallait se soulever et se révolter
contre lui :

— Parce que, dit-il, il a pillé tout l'univers romain, parce
qu'il a fait périr toute la fleur du Sénat, parce qu'il a déshonoré
et tué sa mère, et ne conserve pas même l'apparence d'un
empereur. Bien des meurtres, bien des rapines, bien des
violences ont été maintes fois commis par d'autres. Mais
comment pourrait-on dignement retracer le reste ? Je l'ai vu,
amis et alliés, croyez-moi, je l'ai vu, cet homme, si c'est un
homme que le mari de Sporus, que l'épouse de Pythagoras,
dans l'enceinte du théâtre, sur l'orchestre, tantôt une lyre à
la main, vêtu de l'habit orthostadien et chaussé du cothurne
tragique[1], tantôt aussi du brodequin comique et avec le
masque. [...] Et on donnerait à un pareil être les noms de
César, d'empereur, d'Auguste ? Non, non. Que nul n'outrage
ces noms sacrés. Ces noms, en effet, Auguste et Claude les
ont portés. Mais lui, il serait plus juste de l'appeler Thyeste
ou Œdipe, Alcméon ou Oreste, car ce sont là les personnages
qu'il représente. Ce sont là les titres qu'il prend en place des
autres. Levez-vous donc enfin, secourez-vous vous-mêmes,
secourez les Romains et délivrez l'univers entier !

Dion Cassius, *Histoire romaine,* 63, 22

*Vindex envoie des courriers tous azimuts. Il tente de gagner à sa
cause d'autres gouverneurs de provinces, et notamment Servius Sulpicius
Galba, le plus prestigieux d'entre eux[2], que Néron avait nommé pour
commander en Espagne au début de son règne. Mais à 73 ans, Galba,
qui pourtant ne porte pas Néron dans son cœur, hésite.*

Néron, qui n'avait pas encore appris à craindre les
citoyens de grand renom, l'envoya gouverner l'Espagne,

---

1. Sandale à semelle épaisse, lacée sur le devant du mollet,
permettant aux acteurs de tragédies de rehausser leur taille.
2. Galba avait été un moment pressenti pour succéder à
Caligula.

car il paraissait doux de nature, et sa vieillesse en outre semblait une garantie de circonspection. Mais là-bas les odieux procurateurs de Néron pillèrent cruellement et sauvagement les provinces de Galba. Il n'avait d'autre moyen de venir en aide aux opprimés que de leur manifester sa compassion et la douleur que lui causaient, comme à eux, ces injustices, et c'était là, dans une certaine mesure, un soulagement et une consolation pour ces malheureux, condamnés et vendus.

On avait fait contre Néron des couplets qui circulaient et se chantaient partout. Galba n'y mit pas obstacle et ne partagea pas l'indignation des procurateurs, ce qui augmenta encore l'affection que les gens avaient pour lui, car, depuis sept ans qu'il était gouverneur, il avait eu le temps de se familiariser avec ses administrés.

Plutarque, *Vie de Galba*, 3, 5 – 4, 3

Pendant ce temps-là, Néron aborde les côtes d'Italie à Brindisium. Puis il gagne Naples pour s'y reposer quelques jours.

Ce fut à Naples qu'il apprit le soulèvement des Gaules, précisément le jour anniversaire du meurtre de sa mère, mais il accueillit cette nouvelle avec tant d'indifférence et de tranquillité qu'on soupçonna même qu'il s'en réjouissait, comme s'il allait avoir l'occasion de dépouiller, suivant le droit de la guerre, de si riches provinces. Se rendant aussitôt au gymnase, il suivit avec un intérêt passionné des combats d'athlètes. Et même, dérangé à table par une lettre tout à fait inquiétante, il borna sa colère à des menaces de mort contre les révoltés. Enfin, pendant les huit jours qui suivirent, il ne prit la peine ni de répondre à aucune lettre, ni d'envoyer un ordre, ni de rien prescrire et fit tomber le silence sur cette affaire.

Suétone, *Néron,* 40, 6-8

Dès lors, Néron semble déboussolé, oscillant entre indolence et impulsivité. Alors que commence le dernier acte de sa vie, il vient de revêtir le costume du parfait héros tragique courant à sa perte.

Apprenant que Vindex multiplie les déclarations injurieuses en l'appelant de son nom de naissance Ahenobarbus et en le traitant de « mauvais joueur de cithare *» – la pire des insultes –, il se résout tout de même à écrire au Sénat pour réclamer vengeance.*

Mais, comme les nouvelles pressantes se succédaient, il revint à Rome tout tremblant. Il fut seulement un peu rassuré en cours de route par un présage frivole : ayant, en effet, remarqué sur un monument un bas-relief qui représentait un soldat gaulois terrassé par un chevalier romain et traîné par les cheveux, à cette vue, il bondit de joie et rendit grâces au ciel.

Suétone, *Néron*, 41, 3

Néron prend alors les dispositions nécessaires pour un retour triomphal qui a lieu en mars 68.

Quand il arriva près de Rome, une partie des murs fut abattue et les portes arrachées, parce que, au dire de quelques-uns, les lois ordonnent de faire l'un et l'autre en l'honneur de ceux qui ont été couronnés dans les jeux. Les premiers qui entrèrent furent ceux qui portaient les couronnes reçues par Néron. Après eux marchaient des gens qui soutenaient au bout de leurs lances des tableaux sur lesquels étaient inscrits le nom et le genre de combat où Néron César avait, le premier de tous depuis qu'il existait des Romains, remporté la victoire. Ensuite venait Néron en personne, sur le même char qui avait autrefois servi à Auguste pour plusieurs triomphes fameux, vêtu d'un tissu de pourpre et d'or, couronné d'olivier, et tenant en main le laurier pythique ; il avait à côté de lui sur son char Diodore, le joueur de lyre.

Après avoir, dans cet équipage, traversé le cirque et le forum, suivi des soldats, des chevaliers et des sénateurs, il monta au Capitole et de là se rendit au Palatin, tandis que toute la ville était décorée de couronnes, éclairée de lumières et remplie de parfums, tandis que tout le peuple, et surtout les sénateurs, faisait retentir ces acclamations :

– Oh ! Olympionique[3], Pythonique[4], oh ! Auguste, Auguste. À Néron Hercule, à Néron Apollon. Tu es seul périodonique, oui, seul de tout temps, Auguste, Auguste ! Voix sacrée ! Heureux ceux qui t'entendent !

Pourquoi, en effet, tourner autour de l'expression et ne pas citer les paroles mêmes dont la sincérité n'est pas un déshonneur mais un ornement de plus pour l'histoire ?

Après avoir accompli ces exploits, Néron fit annoncer les jeux du cirque. Il y apporta les couronnes qu'ils lui avaient values et les autres qu'il avait gagnées aux courses de chars, et les attacha à l'obélisque égyptien. Ces couronnes étaient au nombre de mille huit cent huit. Après cela, il conduisit des chars. Alors un certain Larcius Lydus vint lui offrir cent cinquante mille drachmes pour chanter sur la lyre. Mais Néron refusa cet argent, jugeant indigne de lui de rien faire en vue d'un salaire (aussi Tigellinus exigea-t-il cette somme de Larcius pour ne pas le faire mourir).

Néanmoins il se rendit au théâtre où il chanta sur la lyre et joua la tragédie. Il prit même part à presque toutes les courses de chevaux. Parfois il se laissa vaincre, à dessein d'accréditer l'opinion que, le plus souvent, les autres fois, il remportait véritablement l'avantage.

Dion Cassius, *Histoire romaine,* 63, 20, 2

---

3. Vainqueur aux Jeux olympiques.
4. Vainqueur aux Jeux pythiques.

Au milieu de ces divertissements, les mauvaises nouvelles continuent d'arriver. Mais Néron reprend le fil des jours dans le déni des réalités.

Même dans ces circonstances, il ne harangua pas directement le peuple ni le Sénat, mais il fit venir chez lui quelques-uns des principaux citoyens et tint hâtivement conseil avec eux, puis il passa le reste de la journée à leur faire voir des orgues hydrauliques d'un modèle entièrement nouveau, dont il leur montra tous les détails, leur expliquant le mécanisme de chacun et la difficulté qu'il y avait à en jouer, en les assurant « que bientôt même il présenterait tout cela au théâtre, si Vindex le lui permettait ».

Suétone, *Néron*, 41, 4

Fort du concours d'un nombre grandissant d'opposants, Vindex prépare ses troupes.

Puis, lorsque Vindex eut clairement déclaré la guerre, il écrivit de nouveau à Galba pour l'engager à accepter l'empire et à s'offrir lui-même à un corps puissant qui cherchait une tête, c'est-à-dire aux Gaules qui avaient cent mille hommes sous les armes et qui pouvaient en armer un nombre encore plus grand. Galba prit l'avis de ses amis. Plusieurs conseillèrent d'attendre pour voir quel mouvement et quel effet cette initiative produirait à Rome. Mais Titus Vinius, commandant de la garde prétorienne, leur dit :

– Galba, quelle délibération est-ce là ? Nous demander si nous resterons fidèles à Néron, c'est déjà cesser de l'être. Il faut donc, ou bien considérer Néron comme ennemi et ne pas repousser l'alliance de Vindex, ou bien mettre tout de suite Vindex en accusation et lui faire la guerre, parce qu'il veut que les Romains t'aient pour chef plutôt que Néron pour tyran !

Alors Galba fit connaître par affiche une date à laquelle il affranchirait successivement les esclaves qui le demanderaient. Dès que la rumeur publique en eut répandu la nouvelle, une foule d'hommes avides de changement se rassembla, et on ne l'eut pas plus tôt vu apparaître sur son tribunal que tous d'une seule voix le proclamèrent empereur. Il n'accepta pas ce titre sur-le-champ, mais, après avoir accusé Néron et déploré le meurtre de ses plus illustres victimes, il promit de consacrer tous ses soins à la patrie, sans prendre le nom de César ni d'empereur, en tant que légat du Sénat et du peuple romain.

Plutarque, *Vie de Galba*, 4, 5-7 – 5, 1-2

S'il affectait jusque-là de mépriser Vindex, cette fois, Néron accuse le coup.

Lorsqu'il apprit que Galba et les Espagnes[5] faisaient défection à leur tour, il tomba évanoui et resta longtemps sans voix, à demi-mort, puis, quand il eut repris ses sens, il déchira ses vêtements, se frappa la tête avec rudesse et déclara « que c'en était fait de lui ». Comme sa nourrice essayait de le consoler, en lui rappelant que de pareils malheurs étaient arrivés à d'autres princes, il répondit « que son infortune à lui dépassait toutes les leurs, qu'elle était inouïe et sans exemple, puisque le pouvoir suprême lui échappait de son vivant ».

Mais il ne renonça point pour autant à ses habitudes de luxe et de paresse et n'en retrancha rien. Bien au contraire, comme il avait reçu des provinces la nouvelle d'un succès, au cours d'un festin magnifique il chanta sur un air joyeux et même avec des gestes appropriés des vers comiques dirigés contre les chefs de la révolte, qui se répandirent dans le public. Puis, s'étant fait porter secrètement au théâtre, il

---

5. L'Espagne était divisée en trois provinces.

envoya dire à un acteur très applaudi « qu'il abusait des occupations de l'empereur ».

Suétone, *Néron*, 42

Toutefois, le Sénat ayant déclaré Galba ennemi public, Néron, voulant lui-même en plaisanter et se donner un air d'assurance devant ses amis, dit que c'était une occasion non négligeable qui s'offrait à lui de s'enrichir, alors qu'il avait besoin d'argent ; que, lorsque les Gaulois seraient réduits à merci, il s'approprierait leurs dépouilles et qu'il pouvait disposer des biens de Galba et les vendre puisque celui-ci s'était déclaré son ennemi. Il mit donc en vente ce qui appartenait à Galba. Celui-ci, de son côté, l'ayant appris, fit annoncer publiquement la vente de toutes les propriétés que Néron possédait en Espagne, et elles trouvèrent, plus que les siennes, beaucoup d'acquéreurs empressés.

Plutarque, *Vie de Galba*, 5, 4-6

Survient alors, fin mai, un épisode dramatique dont les ressorts demeurent obscurs. Verginius Rufus, qui gouverne en Germanie, n'a pas encore fait clairement le choix de la sédition. Il s'est mis en marche comme s'il voulait combattre Vindex.

Arrivé à Besançon, il mit le siège devant cette ville, sous prétexte qu'elle ne l'avait pas reçu. Vindex étant venu, de son côté, au secours de la place et ayant établi son camp non loin du sien, ils s'envoyèrent mutuellement des messages et finirent par avoir, seul à seul, une entrevue où aucun autre n'assista et par tramer entre eux, à ce que l'on s'imagina, un complot contre Néron. À la suite de cette conférence, Vindex, avec son armée, marcha comme s'il eût eu l'intention de prendre la ville. Mais les soldats de Rufus, s'en étant aperçu et pensant que c'était un mouvement offensif dirigé contre eux, firent, sans en avoir reçu l'ordre, une sortie contre lui, et, fondant sur sa troupe qui ne s'y attendait pas et qui ne gardait pas ses rangs, en firent un grand carnage. À cette vue, Vindex, saisi d'une vive douleur, se tua lui-même. Telle est la vérité. Plusieurs, cependant, ayant percé son corps de coups, donnèrent lieu de croire faussement qu'ils étaient les auteurs de sa mort.

Rufus eut un sensible regret de la perte de Vindex. Il refusa, malgré les instances réitérées de ses soldats, d'accepter l'empire, bien qu'il pût aisément y arriver, car c'était un homme actif, il avait une armée puissante et bien disposée. Les soldats arrachèrent les images de Néron et les mirent en pièces, et ils lui donnèrent les noms de César et d'Auguste. Comme il ne se décidait pas, un des soldats écrivit rapidement ces titres sur une des enseignes de son chef. Rufus les effaça, et, après avoir avec peine apaisé ses troupes, il les persuada de s'en remettre au Sénat et au peuple, soit qu'il ne voulût pas que les soldats donnassent l'empire à quelqu'un (« ce droit, disait-il, n'appartenait qu'au Sénat et au peuple »), soit qu'il possédât un fonds de grandeur d'âme capable de ne pas aspirer à la puissance impériale, pour laquelle il n'est rien que les autres ne fassent.

Dion Cassius, *Histoire romaine*, 63, 24-25

Redoutant que Rufus ne finisse malgré tout par céder à la pression de ses troupes, Galba lui écrit pour lui demander « de faire cause commune avec lui et de sauvegarder à la fois la souveraineté de l'État et la liberté des Romains ».

Pendant ce temps, Néron tourne comme un lion en cage. À chaque heure, il conçoit de nouveaux plans : envoyer des assassins aux gouverneurs de provinces et aux chefs des armées rebelles, faire massacrer tous les exilés où qu'ils soient et tous les Gaulois de Rome, piller les Gaules, empoisonner tous les sénateurs dans des festins, brûler Rome…

Mais il abandonna ces projets, moins par scrupule de conscience que parce qu'il désespérait de les réaliser et, jugeant une expédition nécessaire, il priva les consuls de leur charge avant le temps légal pour se mettre tout seul à leur place, sous prétexte que, suivant l'arrêt du destin, les Gaules ne pouvaient être réduites que par un consul. Il prit donc les faisceaux et, tandis qu'il sortait de la salle à manger après un festin, appuyé sur les épaules de ses intimes, il leur déclara :

– Sitôt que j'aurai touché le sol de la province, je me présenterai sans armes aux yeux des soldats et me contenterai de verser des pleurs. Alors les révoltés seront pris de repentir et le lendemain, plein de joie, au milieu de l'allégresse générale, je chanterai un hymne de victoire, qu'il me faut composer dès maintenant.

Son premier soin, en préparant son expédition, fut de choisir des chariots pour transporter ses orgues de théâtre, de faire tondre comme des hommes celles de ses concubines qu'il voulait emmener avec lui, et de les armer, comme des Amazones, de haches et de boucliers. Ensuite, il convoqua les tribus urbaines, pour leur faire prêter le serment militaire, mais, aucun citoyen bon pour le service ne répondant à l'appel, il exigea des maîtres un nombre déterminé d'esclaves, et parmi tous ceux que chacun possédait il n'accepta que les sujets de choix, y compris même les intendants et les secrétaires. Il commanda encore aux citoyens de tous les ordres de fournir, à titre de contribution, une partie de leur capital et par surcroît, aux locataires des maisons particulières et des maisons de rapport, de verser immédiatement au fisc une année de loyer. Se montrant d'ailleurs extrêmement difficile et rigoureux, il exigea des pièces neuves, de l'argent purifié au feu, de l'or passé au creuset, si bien que la plupart refusèrent ouvertement toute contribution, en réclamant d'un commun accord qu'on redemandât plutôt aux délateurs toutes les récompenses qu'ils avaient reçues.

Suétone, *Néron*, 43, 2-3 – 44

À présent Néron doit affronter la haine publique, d'autant qu'on l'accuse de spéculer à son profit sur le prix du blé. Rome n'est plus

ravitaillée, et la colère monte encore d'un cran lorsqu'on apprend
qu'un navire en provenance d'Alexandrie, au lieu de blé, apporte
du sable pour les lutteurs de la cour. On macule alors ses effigies de
toutes sortes d'épigrammes. Pour lui signifier que l'heure n'est plus
aux concours de chant, une de ses statues est coiffée d'une perruque
d'artiste avec cette inscription en grec : « C'est maintenant que
commence la lutte. Dérobe-toi donc[6]. »

En outre, il était épouvanté par des avertissements très
clairs provenant de songes, d'augures et de présages, non
seulement anciens mais récents. Alors qu'il n'avait jamais eu
de rêves jusqu'au meurtre de sa mère, depuis, il lui sembla,
durant son sommeil qu'on lui arrachait le gouvernail d'un
navire qu'il dirigeait, que son épouse Octavie l'entraînait
dans les plus épaisses ténèbres, et tantôt qu'il était couvert
par une multitude de fourmis ailées, tantôt que les statues des
nations inaugurées près du théâtre de Pompée l'entouraient
et lui barraient le passage ; enfin, que son cheval asturien,
auquel il était très attaché, lui apparaissait entièrement
métamorphosé en singe, à l'exception de la tête, et poussait
des hennissements éclatants.

[…] Lorsqu'on lut au Sénat le passage de sa harangue
contre Vindex, dans lequel il déclarait que les criminels
seraient châtiés et feraient bientôt une fin digne d'eux, tous
s'écrièrent en chœur :

– C'est toi, Auguste, qui le feras[7] !

On avait même observé que, lorsqu'il chanta pour la
dernière fois en public, ce fut dans la pièce d'Œdipe en exil,
et qu'il finit par ce vers :

Épouse, mère, père, tous m'ordonnent de mourir.

Suétone, *Néron*, 46

6. Suétone, *Néron*, 45, 3.
7. Formule à double sens : « Tu te chargeras de les punir » ou
« Tu feras une fin digne de toi ».

À présent, la plupart des généraux se sont ralliés à Galba. Le dernier en date est Clodius Macer qui commande les armées d'Afrique. Néron apprend la nouvelle par une lettre qui lui est portée pendant son déjeuner.

Il la déchira en morceaux, renversa la table, brisa sur le sol deux coupes dont il aimait particulièrement se servir et qu'il appelait « homériques », parce que des scènes d'Homère y étaient ciselées, puis, s'étant fait donner par Locuste un poison qu'il enferma dans une boîte d'or, il passa dans les jardins de Servilius. Là, il envoya à Ostie les plus dévoués de ses affranchis, avec mission de préparer une flotte, puis demanda aux tribuns et aux centurions du prétoire s'ils consentiraient à l'accompagner dans sa fuite. Mais les uns tergiversaient, les autres refusaient catégoriquement, et l'un d'eux s'écria même :

— Est-ce un si grand malheur que de cesser de vivre ?

Alors, agitant divers projets, il songea soit à se rendre en suppliant chez les Parthes ou auprès de Galba, soit à se présenter en public vêtu de noir, pour implorer du haut des rostres, aussi pitoyablement qu'il le pourrait, le pardon du passé et, s'il ne parvenait pas à toucher les cœurs, prier qu'on lui accordât tout au moins la préfecture d'Égypte. On trouva plus tard dans son écritoire une allocution préparée dans ce sens. Mais il abandonna ce projet, par crainte, semble-t-il, d'être mis en pièces avant de parvenir au forum.

Il remit donc la décision au lendemain, mais, s'étant réveillé vers le milieu de la nuit et apprenant que le poste de garde s'était retiré, il sauta de son lit et envoya chercher ses divers amis. Puis, comme personne ne lui rapportait de réponse, [...] il revint dans sa chambre à coucher, d'où les gardes à leur tour s'étaient déjà enfuis, emportant jusqu'à ses couvertures et volant même la boîte qui contenait le poison. Aussitôt, il envoya chercher le mirmillon Spiculus ou n'importe qui voudrait le tuer, mais, comme on n'avait trouvé personne :

— Je n'ai donc, dit-il, ni ami ni ennemi ?

Puis il prit sa course comme pour se précipiter dans le Tibre.

Suétone, *Néron*, 47

Mais, revenu de ce premier mouvement, il souhaita quelque retraite écartée pour rassembler ses esprits. Phaon, son affranchi, lui proposant alors sa maison de banlieue située entre la voie Salaria et la voie Nomentane, vers le quatrième milliaire, restant comme il était, pieds nus et en tunique, il endossa par-dessus un petit manteau de couleur passée, se couvrit la tête, étendit un mouchoir devant sa figure et monta à cheval, accompagné seulement de quatre personnes, parmi lesquelles était Sporus.

[...] Lorsqu'ils arrivèrent à un chemin de traverse, ils laissèrent leurs chevaux et, passant au milieu de fourrés et de broussailles par un sentier bordé de roseaux, Néron parvint à grand-peine, non sans étendre des vêtements sous ses pieds, au mur de derrière la maison. Là, comme Phaon l'invitait à se cacher un moment dans une carrière de sable, il déclara qu'il ne voulait pas s'enterrer tout vif et, faisant une courte halte, en attendant qu'on lui eût ménagé une entrée secrète dans la maison, pour se désaltérer il puisa dans le creux de sa main l'eau d'une mare étalée à ses pieds et dit :

— Voilà les rafraîchissements de Néron !

Ensuite, avec son petit manteau déchiré par les ronces, il se fraya un passage à travers les broussailles et pénétra, en se traînant sur les mains par un couloir étroit que l'on venait de creuser, dans le réduit le plus proche, où il se coucha sur un lit garni d'un mauvais matelas et d'un vieux manteau, en guise de couverture ; là, tourmenté par la faim et repris par la soif, il dédaigna le pain grossier qu'on lui offrit, mais but une assez grande quantité d'eau tiède.

Suétone, *Néron*, 48

Ensuite, comme chacun de ses compagnons tour à tour l'invitait à se dérober sans retard aux outrages qui l'attendaient, il ordonna de creuser devant lui une fosse à la mesure de son corps, de disposer autour d'elle quelques morceaux de marbre, si l'on en trouvait, puis d'apporter de l'eau et du bois, pour rendre bientôt les derniers honneurs à son cadavre.

À chaque instant de ces préparatifs, il pleurait et répétait à tout instant :

— Quel artiste va périr avec moi !

Tandis qu'il s'attardait ainsi, un coureur apporta un billet à Phaon : le lui arrachant des mains, Néron lut que le Sénat l'avait déclaré ennemi public et qu'on le recherchait pour le punir suivant la coutume des ancêtres. Il demanda quel était le genre de supplice. Lorsqu'on lui apprit qu'on dépouillait le condamné, qu'on lui passait la tête dans une fourche et qu'on le battait de verges jusqu'à la mort, épouvanté, il saisit deux poignards qu'il avait emportés avec lui, en essayant successivement les pointes, puis les remit dans leur gaine en prétextant « que l'heure marquée par le destin n'était point encore venue ».

Tantôt il invitait Sporus à commencer les lamentations et les plaintes, tantôt il suppliait que quelqu'un l'encourageât par son exemple à se donner la mort. Parfois, il se reprochait sa lâcheté en ces termes :

— Ma conduite est ignoble, déshonorante ; c'est indigne de Néron, oui, indigne. Il faut du sang-froid dans de pareils moments. Allons, réveille-toi !

Déjà s'approchaient les cavaliers auxquels on avait recommandé de le ramener vivant. Lorsqu'il les entendit, il dit en tremblant :

— Le galop des chevaux aux pieds rapides frappe mes oreilles[8].

---

8. Néron cite un vers de l'*Iliade* d'Homère (10, 535).

Puis il s'enfonça le fer dans la gorge, avec l'aide d'Épaphrodite, son maître des requêtes. Il respirait encore lorsqu'un centurion arriva précipitamment et, feignant d'être venu à son secours, appliqua son manteau sur la blessure. Néron lui dit simplement :

– C'est trop tard.

Et :

– Voilà bien la fidélité !

Sur ces mots, il expira, et ses yeux sortant de sa tête prirent une telle fixité qu'ils inspiraient l'horreur et l'épouvante à ceux qui les virent.

La première et la principale promesse qu'il avait exigée de ses compagnons était de ne laisser personne disposer de sa tête, mais de le brûler tout entier, de quelque manière que ce fût.

Suétone, *Néron*, 49, 1-8

C'est ainsi qu'en ce 9 juin 68 finit tragiquement l'empereur Néron qui, ayant voulu s'élever au niveau du dieu Soleil, connut en ses dernières heures le sort d'une bête traquée fuyant l'hallali dans la nuit.

Restées fidèles et aimantes jusqu'au bout, ses nourrices Églogé et Alexandria l'enveloppent dans un tissu blanc broché d'or. Après la crémation, aidées par la concubine Actè, elles enferment les restes du dernier des Julio-Claudiens dans le tombeau de la famille des Domitiens. Le sarcophage est de porphyre, surmonté d'un autel en marbre de Luna et entouré d'une balustrade en pierre de Thasos. On apprend que ses funérailles ont coûté deux cent mille sesterces…

Il mourut dans sa trente-deuxième année, le jour même où il avait jadis fait périr Octavie, et l'allégresse publique fut si grande que les plébéiens coururent par toute la ville, coiffés de bonnets phrygiens. Néanmoins, il se trouva des gens qui, pendant de longues années, ornèrent son tombeau de fleurs, au printemps et en été, et qui exposèrent à la tribune aux harangues tantôt ses images vêtues de la prétexte, tantôt des édits par lesquels il annonçait, comme s'il eût été vivant, qu'il reviendrait bientôt pour la ruine de ses ennemis.

Bien plus, Vologèse, le roi des Parthes, ayant envoyé des ambassadeurs au Sénat pour renouveler son traité d'alliance, fit en outre demander instamment qu'on rendît un culte à la mémoire de Néron. Enfin, vingt ans après sa mort, durant mon adolescence, parut un personnage de condition mal définie, qui prétendait être Néron, et ce nom lui valut tant de faveur chez les Parthes qu'ils le soutinrent énergiquement et nous le livrèrent à grand-peine.

Suétone, *Néron*, 57

CHRONOLOGIE

15 – Naissance d'Agrippine la Jeune, fille de Germanicus, sœur de Caligula et future mère de Néron.

28 – Agrippine épouse Cnaeus Domitius Ahenobarbus.

37 – *18 mars* : Caligula nommé empereur.

15 décembre : Naissance à Antium de Lucius Domitius Ahenobarbus, futur Néron.

38 – Claude, frère de Germanicus, épouse Messaline, dont il a deux enfants : Octavie et Britannicus.

39 – Caligula exile Agrippine aux îles Pontines. Elle est soupçonnée d'avoir participé avec son autre sœur au complot fomenté par Gaeticulus et Lepidus.

40 – Mort du père de Lucius. L'enfant est confié à sa tante Lepida.

41 – *24 janvier* : Assassinat de Caligula.

Claude, nommé empereur, rappelle d'exil sa nièce Agrippine. Elle épouse Caius Crispus Passienus. Lucius rejoint sa mère.

44 – Mort de Caius Crispus Passienus.

48 – Assassinat de Messaline.

Agrippine s'inscrit comme prétendante au mariage avec son oncle Claude.

49 – *1er janvier* : Agrippine épouse Claude et confie l'éducation de son fils à Sénèque.

Lucius est fiancé à sa cousine Octavie, fille de Claude.

50 – Claude adopte Lucius, qui devient Néron.

51 – Néron reçoit la toge virile avant l'âge.

53 – Néron procède à ses premiers exercices rhétoriques en public.

54 – Néron épouse Octavie, fille de Claude.

Agrippine fait nommer Burrus préfet du prétoire.

13 octobre : mort de Claude et désignation de Néron comme
    empereur par la garde prétorienne.
    Les Parthes envahissent l'Arménie.
55 – *Février* : Mort de Britannicus, empoisonné.
    Début du conflit avec Agrippine.
56 – Début du règne « éclairé » sous l'influence de
    Sénèque.
    Néron commence à déclamer en public.
57 – Projet de réforme fiscale repoussé par le Sénat.
    Campagne de Corbulon, général en chef des armées
    d'Orient, contre les Parthes en Arménie.
58 – Début de la liaison de Néron avec Poppée Sabina.
    Nouveaux troubles en Arménie.
59 – Assassinat d'Agrippine.
    Victoire de Corbulon en Arménie.
60 – Néron crée des jeux quinquennaux, appelés Jeux
    néroniens.
    Soulèvement de Boudicca, reine des Icéniens, en
    Bretagne.
61 – Bataille finale et mort de Boudicca.
    Reprise de la guerre en Arménie.
62 – Mort de Burrus. Tigellinus est nommé préfet du
    prétoire.
    Sénèque, âgé de 65 ans, prend ses distances avec
    Néron.
    Néron répudie Octavie, la relègue dans l'île de Pandateria
    et la fait assassiner.
30 juin : Poppée devient impératrice.
63 – *21 janvier* : Poppée donne naissance à une fille, qui
    meurt à l'âge de quatre mois.
    Paix définitive en Bretagne.
    Reprise de la guerre en Arménie. Traité de Rhandeia.
64 – Néron fait ses vrais débuts sur scène à Naples.
    Seconds Jeux néroniens, où Néron participe comme
    citharède.

18 au 25 juillet : grand incendie de Rome.

Début des persécutions contre les chrétiens.

65 – Construction de la Maison Dorée.

Conspiration de Pison.

Mort de Sénèque.

Mort de Poppée.

66 – Néron épouse Statilia Messalina.

Paix avec les Parthes et couronnement de Tiridate à Rome, comme roi d'Arménie.

Septembre : départ de Néron pour la Grèce, où il participe aux Jeux olympiques.

Automne : Début des troubles en Judée.

67 – Début de l'insurrection des Gaules conduite par Julius Vindex.

Amplification de la révolte en Judée.

Novembre : Néron arrive à Corinthe pour les Jeux isthmiques.

Il entreprend le percement de l'isthme et proclame la liberté pour la Grèce.

68 – *Mars* : retour triomphal de Néron à Rome.

Avril : défection de Galba, gouverneur d'Espagne.

Défection de Clodius Macer, chef des armées d'Afrique.

9 juin : mort de Néron, déclaré ennemi public par le Sénat.

ARBRE GÉNÉALOGIQUE

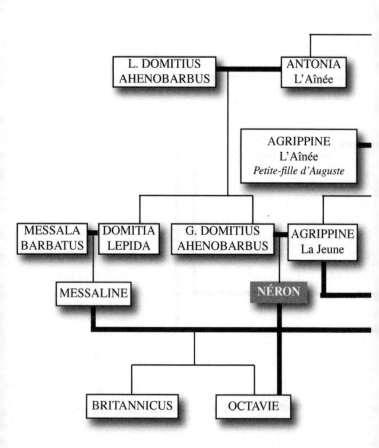

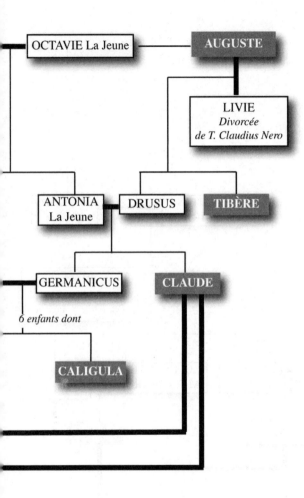

OCTAVIE La Jeune — **AUGUSTE**

LIVIE
*Divorcée
de T. Claudius Nero*

ANTONIA La Jeune — DRUSUS — **TIBÈRE**

GERMANICUS — **CLAUDE**

6 enfants dont

CALIGULA

■■■ *mariage*

BIOGRAPHIES DES AUTEURS

Calpurnius Siculus (milieu du Ier siècle). On ne sait presque rien de la vie de ce poète né en Sicile qui vécut sous le règne de Néron. Son œuvre connue est constituée par sept *Églogues*, poèmes qui s'inspirent des *Bucoliques* de Virgile et de Théocrite. Calpurnius Siculus manifeste un grand enthousiasme à l'avènement de Néron. S'ils peuvent paraître laudatifs à l'excès, les textes de la 1re et de la 7e *Églogue* témoignent toutefois des espoirs que suscitait alors le jeune empereur.

Dion Cassius (155-235). Cassius Dio Cocceianus est né à Nicée en Bithynie. Il a fait une brillante carrière à Rome : sénateur sous le règne de Commode, préteur sous Pertinax et plusieurs fois consul suffect sous Septime Sévère. Sous Alexandre Sévère, il se voit confier le proconsulat d'Afrique et les légations de Dalmatie et Cilicie. Élu ordinaire, il quitte Rome pour s'installer définitivement en Bithynie où il disparaît vers 235.

Tout en exerçant de hautes magistratures, Dion Cassius s'est consacré aux lettres. Il aurait écrit une biographie d'Arrien et un ouvrage sur les rêves. Mais son œuvre principale, composée de 80 livres, est une *Histoire romaine*. Il aurait employé dix ans de sa vie aux recherches qui allaient servir de base à cet ouvrage, puis dix autres années pour le rédiger. Parti des origines de Rome, Dion achève son entreprise historique en 229, avec le règne d'Alexandre Sévère. Cette œuvre monumentale ne nous est pas parvenue en entier.

Flavius Josèphe (37-100). Né en Judée, Josèphe appartient à une famille sacerdotale de Juifs hellénisés. En 64, il est envoyé à Rome pour obtenir la libération de quelques prêtres emprisonnés. C'est à cette occasion qu'il aurait rencontré Poppée, l'épouse de Néron, pour lui demander d'intercéder en sa faveur. En 67, lors de la rébellion juive contre les dominateurs, il tente, sans succès, de calmer les extrémistes. Fait prisonnier par Vespasien, il est libéré deux ans plus tard pour lui avoir prédit qu'il accéderait au trône. Plus tard, en 70, il assiste aux côtés de Titus à la chute de Jérusalem et à la destruction du Temple.

De retour à Rome, on lui accorde la citoyenneté romaine et, vivant sous la protection des Flaviens, il obtient le gentilice Flavius. Il se consacre alors à la rédaction de ses œuvres historiques : *Guerre des Juifs* et *Antiquités juives,* composées dans le but de faire connaître aux Romains le peuple qu'ils avaient vaincu. On lui doit encore une *Autobiographie,* dans laquelle il justifie ses prises de position et notamment son choix de vivre en Romain. À l'instar de son *Autobiographie*, le *Contre Apion* est une réplique aux attaques dont les *Antiquités*, en particulier, firent l'objet.

Juvénal (60-140). Decimus Junius Juvenalis connaît à ses débuts un grand succès comme professeur d'éloquence. Ce n'est que vers l'âge de 40 ans, à la chute de Domitien, et pendant les règnes de Trajan et d'Hadrien, qu'il commence à rédiger des satires dans lesquelles il brocarde sans pitié les abus de pouvoir des puissants et les vices des Romains. Ami du poète Martial et admirateur de Sénèque, Juvénal est un moraliste d'inspiration stoïcienne au style souple et réaliste, parfois rude et cru.

On lui doit, entre autres, les formules célèbres *panem et circenses,* « du pain et des jeux », et *mens sana in corpore sano,* « un esprit sain dans un corps sain ».

Lucain (39-65). Marcus Annaeus Lucanus est né à Cordoue. Neveu du philosophe stoïcien Sénèque le Jeune,

Lucain est un poète au talent précoce. En 62, il publie le *Bellum civile* (*La Guerre civile*), un ensemble de dix livres plus connu sous le titre de *Pharsale*, grand poème épique qui relate la guerre civile entre Jules César et Pompée, et les convulsions aboutissant à la fin de la République. Lucain a les faveurs de Néron jusqu'à ce que celui-ci, jaloux de ses succès, lui interdise la lecture publique de ses œuvres. En 65, il rejoint la conspiration de Pison et figurera au nombre des victimes de la répression.

Lucien de Samosate (vers 120-180). Né en Syrie, Lucien est un écrivain fécond puisqu'on ne lui attribue pas moins de 86 œuvres. Grand voyageur, c'est un esprit brillant et rationaliste qui donne des cours publics de philosophie et de rhétorique et pratique tous les genres littéraires : des exercices de style (*Tyrannicide*), des éloges comme celui de la mouche, des textes polémiques (*Sur la danse*), des lettres (*Sur la manière dont il faut écrire l'histoire*), des ouvrages romanesques (*Histoires vraies*)… C'est dans ses satires que son style est le plus novateur et en rupture avec le conformisme antique, lorsqu'il pastiche les récits mythiques (*Dialogue des dieux*) ou se moque de la vanité humaine (*Charon, Dialogue des morts*).

Martial (40-vers104). Né en Espagne, Marcus Valerius Martialis arrive à Rome en 64 avec l'intention d'y faire carrière comme écrivain. Désargenté et bohème, il obtient le soutien de Sénèque et de son neveu Lucain, dont il devient l'employé. Ces derniers utilisent son talent à leur profit, ce qu'il leur reprochera plus tard. Quand, l'année suivante, survient la conspiration de Pison, Martial se réfugie chez Pline le Jeune. En 80, il compose le *Liber spectaculorum* (*Le Livre des spectacles*) à l'occasion de l'inauguration du Colisée, ce qui lui vaut honneur et privilèges et l'accession à l'ordre équestre. À partir de 84, sous le règne de Domitien, sa notoriété va en grandissant lorsqu'il publie ses *Épigrammes*. On en compte 1 500, réparties sur 15 livres. Martial y traite de la vie quotidienne à Rome et trace des portraits où se côtoient louanges et critiques acerbes, dans un style virulent, parfois obscène. En 98, il quitte Rome pour sa ville natale, où il meurt dans le souvenir de sa gloire passée.

Pétrone (27 ?-66). On sait qu'il fut l'un des courtisans les plus en vue de Néron et l'auteur du *Satiricon*, considéré comme le premier roman de l'histoire de la littérature. Grâce à Tacite, nous disposons d'un portrait pittoresque de l'écrivain présenté comme « l'arbitre des élégances » de la cour, un amateur de luxe et de plaisirs raffinés qui jouit de la faveur du prince. Mais la jalousie de Tigellinus, le préfet du prétoire, âme damnée de Néron, lui vaudra d'être emporté par le flot de sang qui suit la conspiration de Pison.

Curieusement, Tacite n'évoque pas le *Satiricon* dans ses écrits, ce qui a eu pour effet d'alimenter longtemps le débat sur l'identité réelle de l'auteur du roman. Cependant, il semble bien que le *Satiricon* soit un roman des temps néroniens. Innovatrice dans son ton (latin populaire) et sa forme (prose et vers y sont mêlés), cette œuvre monumentale offre une critique sociale d'un réalisme exceptionnel pour l'époque, dont les épisodes s'achèvent souvent dans le rire et la dérision. Le banquet de Trimalcion, la légende de la veuve d'Éphèse et le séjour à Crotone en constituent les temps forts.

Pline l'Ancien (23-79). Pline est le véritable inventeur de l'encyclopédie. Né à Côme, il appartient à l'ordre équestre, ce qui l'oblige à accomplir successivement trois commandements militaires. Néron est au pouvoir lorsqu'il rentre en Italie. Pline préfère alors prendre ses distances et vivre dans une retraite studieuse. L'accession de Vespasien le remet en selle : cultivant ses bonnes grâces, il exercera quatre procuratèles entre 70 et 76, tout en gardant amplement le temps de se livrer à ses recherches érudites et à ses travaux d'écriture. Entre 77 et 79, il commande la flotte de Misène tout en résidant le plus souvent à Rome, plaidant et ne laissant jamais un ami dans l'embarras. L'éruption du Vésuve, en 79, lui coûtera la vie pour avoir voulu observer le phénomène de trop près. Le « plus illustre apôtre de la science romaine » a laissé plus de 500 volumes, dont seuls nous sont parvenus les 37 livres de l'*Histoire naturelle*, achevée et publiée en 77.

Plutarque (vers 45-125). Né à Chéronée, en Béotie, Plutarque est issu d'une famille de notables. Après avoir visité Athènes, où il étudie, l'Égypte et l'Asie Mineure, il s'installe à Rome et acquiert la citoyenneté. Plutarque a laissé une œuvre importante, dans laquelle la philosophie et la biographie occupent une place de choix. Sous le titre de *Moralia* sont regroupés ses nombreux traités de philosophie morale qui offrent une synthèse érudite et passionnante des différentes écoles, de Platon, d'Aristote, des stoïciens et des épicuriens.

En sa qualité de moraliste, Plutarque s'est intéressé à la vie des hommes illustres en rédigeant des biographies dans lesquelles il établit et analyse les vices et les vertus de chacun. Nous disposons ainsi de 23 paires de ses *Vies parallèles des hommes illustres* où sont chaque fois rapprochés un Grec et un Latin.

Sénèque (4 av. J.-C.-65). Lucius Annaeus Seneca est né à Cordoue dans le sud de l'Espagne. Il suit l'enseignement du stoïcien Attale, puis est initié en Égypte aux cultes orientaux. La carrière politique du philosophe est tout aussi brillante que sa carrière littéraire, même s'il connaît des disgrâces et un exil en Corse en 41, sous le règne de Caligula. On lui attribue neuf tragédies fameuses, dont *Œdipe*, *Hercule furieux* et *Médée*, qui représentent les ravages des passions dénoncées dans ses traités philosophiques. Ces derniers sont ses œuvres les plus marquantes : *De la tranquillité de l'âme*, *De la clémence*, *De la colère*, *De la brièveté de la vie*, *De la constance du sage*, autant de traités où Sénèque, parallèlement à sa carrière d'homme d'État, développe les principes de la philosophie stoïcienne.

Rappelé d'exil par Claude en 48, à la demande d'Agrippine, il devient le précepteur de Néron, dont il guidera les premiers pas en politique. Mais, après le meurtre d'Agrippine, Sénèque prend ses distances avec le jeune empereur qui n'écoute plus guère les leçons de son maître. Retiré à Naples à partir de 62, Sénèque mène l'existence érudite et tranquille d'un philosophe qui soigne son corps et son âme. C'est là qu'il compose ses fameuses *Lettres à Lucilius*, sorte de guide moral du savoir-vivre et du savoir-mourir. En 65, compromis malgré lui dans la conspiration de Pison, il se donne la mort sur ordre de Néron.

Suétone (vers 70-122). Né dans une famille de l'ordre équestre, Caius Suetonius Tranquillus est un auteur fécond mais seuls nous sont parvenus sa fameuse *Vie des douze Césars* et des fragments de *Grammairiens et rhéteurs*. Il s'intéresse tout autant aux courtisanes célèbres qu'à l'histoire naturelle, aux jeux d'enfants ou aux mots injurieux de la langue grecque. Ami et protégé de Pline le Jeune, il parvient à se faire exempter de la charge militaire. Il se prépare sans suite au métier d'avocat, puis brigue le tribunat, avant de devenir archiviste impérial sous Trajan puis responsable de la correspondance latine de l'empereur sous Hadrien.

Historiographe moins rigoureux et méthodique que son aîné Tacite, Suétone s'intéresse surtout à la personnalité des empereurs, privilégiant l'anecdote et la peinture des travers de ses sujets, ainsi qu'en témoigne sa biographie de Néron. Auteur subjectif, accusé parfois de rapporter des rumeurs, voire des ragots, il n'en reste pas moins que son œuvre pleine de vivacité est précieuse, reflétant l'opinion de l'époque à l'égard des premiers Césars. Mêlé à des intrigues de cour, Suétone connaît la disgrâce à partir de 122.

Tacite (entre 55 et 57 - entre 116 et 120). Servi par de brillants talents d'orateur, son amitié avec Pline le Jeune et un mariage avantageux, Publius Cornelius Tacitus, né dans une famille de rang équestre de la Gaule narbonnaise, devient consul en 97, puis proconsul d'Asie en 112-114. Il disparaît ensuite et meurt sans doute au début du règne d'Hadrien. Sa carrière d'écrivain commence par un essai consacré à la rhétorique, le *Dialogue des orateurs* où il s'interroge sur les causes de la décadence de l'art oratoire et sur ses raisons d'être sous le régime impérial où l'empereur détenait la plupart des pouvoirs. Suivent deux brèves monographies, une apologie de son beau-père, Agricola, et un essai ethnographique sur la Germanie.

C'est ensuite que Tacite écrit ses deux chefs-d'œuvre, les *Histoires*, qui retracent les destinées de Rome du règne de Galba (3-69) au règne de Domitien (51-96), et les *Annales,* qui remontent plus haut dans le passé, de Tibère (42-37) à Néron (37-68). Écrites dans un style tout à la fois concis, intense et saisissant, les *Annales* constituent un témoignage essentiel et véridique, mettant en scène une multitude de personnages. Tacite n'est pas un adversaire de l'empire, mais, appartenant à l'aristocratie sénatoriale souvent bafouée par les princes, il ne ménage pas ses critiques à l'égard des Césars du Iᵉʳ siècle. Volontiers moraliste, il déplore la décadence des mœurs et la disparition des vertus fondatrices de Rome. Tacite a été qualifié par Racine de « plus grand peintre de l'Antiquité ».

BIBLIOGRAPHIE

Les traductions des auteurs anciens cités sont extraites d'ouvrages publiés aux éditions Les Belles Lettres, excepté : *Histoire romaine* de Dion Cassius, traduit par E. Gros, Librairie Firmin Didot-Paris, 1848 (sauf le livre 59) ; *Néron ou le Percement de l'isthme* de Lucien de Samosate, traduit par Eugène Talbot, Hachette, 1912 ; *Vie des poètes* de Suétone, traduit par M. Baudement, édité par J.-J. Dubochet, Le Chevallier et cie, 1845 (numérisé par Marc Szwajcer). Ces textes sont disponibles sur le site internet de l'Antiquité grecque et latine de Philippe Remacle.

CALPURNIUS SICULUS, *Bucoliques,* texte établi et traduit par J. Amat. Collection des Universités de France, 1991, 2ᵉ tirage 2003.

DION CASSIUS, *Histoire romaine, Livres 57-59*, texte traduit et annoté par J. Auberger. Collection La Roue à livres, 1995.

FLAVIUS JOSÈPHE, *Autobiographie,* texte établi et traduit par A. Pelletier. Collection des Universités de France, 1959, 5ᵉ tirage 2003.
—, *Guerre des Juifs, Tome II, Livres II-III,* texte établi et traduit par A. Pelletier. Collection des Universités de France, 1980, 3ᵉ tirage 2009.

JUVÉNAL, *Satires,* texte établi par P. de Labriolle et F. Villeneuve, amendé, présenté et traduit par O. Sers. Collection Classiques en poche, 2002, 3ᵉ tirage 2011.

MARTIAL, _Épigrammes, Tome I, Livres I-VII,_ texte établi et traduit par H.-J. Izaac. Collection des Universités de France, 1930, 4ᵉ tirage 2003.

PÉTRONE, _Le Satiricon_, texte établi et traduit par A. Ernout. Collection des Universités de France, 1923, 14ᵉ tirage 2009.

PLINE L'ANCIEN, _Histoire naturelle, Livre XXXV, De la peinture,_ texte établi, traduit et commenté par M. Croisille. Collection des Universités de France, 1985, 3ᵉ tirage 2003.
—, _Histoire naturelle, Livre XXXVI, Nature des pierres,_ texte établi par J. André, traduit par R. Bloch et commenté par A. Rouveret. Collection des Universités de France, 1981, 3ᵉ tirage 2003.

PLUTARQUE, _Vies, Tome XV, Artaxerxès-Aratos, Galba-Othon._ texte établi et traduit par R. Flacelière et E. Chambry. Collection des Universités de France, 1979, 2ᵉ tirage 2003.

SÉNÈQUE, _De la Clémence_, texte établi et traduit par F.-R. Chaumartin. Collection des Universités de France, nouvelle édition 2005.
—, _Apocoloquintose du divin Claude,_ texte établi et traduit par R. Waltz, Collection des Universités de France, 1934, 5ᵉ tirage 2010.
—, _Lettres à Lucilius, Tome I, Livres I-IV_, texte établi par F. Préchac et traduit par H. Noblot. Collection des Universités de France, 1945, 11ᵉ tirage revu et corrigé par A. Novara 2009.
—, _Lettres à Lucilius, Tome II, Livres V-VII_, texte établi par F. Préchac et traduit par H. Noblot. Collection des Universités de France, 1947, 6ᵉ tirage revu et corrigé par Cl. Rambaux 1993, 7ᵉ tirage 2003.

SUÉTONE, *Vie des douze Césars,* texte établi et traduit par H. Ailloud, Collection des Universités de France.
Tome II, *Tibère-Caligula-Claude-Néron,* 1931, 10ᵉ tirage 2010.
Tome III, *Galba-Othon-Vitellius-Vespasien-Titus-Domitien.* 1932, 4ᵉ édition revue et corrigée 1980, 3ᵉ tirage de la 4ᵉ édition 2002.

TACITE, *Annales.* Texte établi et traduit par P. Wuilleumier. Collection des Universités de France.
Tome II, *Livres IV-VI.* 1975, 2ᵉ tirage revu et corrigé par H. Le Bonniec 1990, 3ᵉ tirage 2003.
Tome III, *Livres XI-XII.* 1976, 2ᵉ tirage revu et corrigé par J. Hellegouarc'h 1994, 3ᵉ tirage 2003.
Tome IV, *livres XIII-XVI. 1924,* 2ᵉ édition 1978, 4ᵉ tirage revu et corrigé par Hellegouarc'h 1996, 6ᵉ tirage 2010.

Ouvrages contemporains

Néron, le mal aimé de l'Histoire, Claude Aziza, Découvertes Gallimard, 2006.

Néron, monstre sanguinaire ou empereur visionnaire ? Joël Schmidt, Larousse, 2010.

Histoire générale de l'Empire romain – 1. Le Haut-Empire, Paul Petit, Éditions du Seuil, 1978.

Nouvelle histoire romaine, Léon Homo, revue et mise à jour par Charles Piétri, « Collection Marabout Université », 1979.

CARTE

Ce volume,
le quinzième
de la collection
La véritable histoire de,
publié aux Éditions Les Belles Lettres,
a été achevé d'imprimer
en janvier 2013
sur les presses
de la Nouvelle Imprimerie Laballery
58500 Clamecy

N° d'éditeur : 7578 – N° d'imprimeur : 301149
Dépôt légal : février 2013
Imprimé en France

TABLE